P9-DZA-577
R01372 00444

DR. JOSÉ NOVOA BODET

CÓMO FORMAR

BUENOS HIJOS
¡Y BUENOS PADRES!

EDITORIAL DIANA
MEXICO

1a. Edición, Mayo de 1995
3a. Impresión, Mayo de 1997

Diseño de portada: Graciela Flores y Ricardo Martínez
Fotografía de portada: Eduardo García Rangel
Ilustraciones de interior: Hermilo Gómez

ISBN 968-13-2811-6

DERECHOS RESERVADOS © — Copyright © 1995 por Editorial Diana,
S.A. de C.V. — Roberto Gayol 1219, Col. Del Valle, México D.F., C.P. 03100.

IMPRESO EN MÉXICO — PRINTED IN MEXICO

Prohibida la reproducción total o parcial
sin autorización por escrito de la casa Editora.

MCK

R01372 68444

A LA MEMORIA DE MIS PADRES CON TODO MI AMOR.

A LA MEMORIA DEL DR. JOSÉ F. DÍAZ Y DÍAZ
COMO UNA MUESTRA DE GRATITUD Y CARIÑO.

A MIS AMADÍSIMOS HIJOS Y NIETOS.

A TODOS LOS NIÑOS.

DEL NACIMIENTO A LA MUERTE LA VIDA ES UN CONSTANTE APREN-
DER; POR LO TANTO ES UN ERROR CREER QUE LA META DE LOS NIÑOS
DEBE SER PREPARARSE PARA "CUANDO SEAN GRANDES", COMO LO
SERÍA QUE LA META DE LOS ADULTOS FUERA CAPACITARSE PARA CUAN-
DO SEAN VIEJOS.

FAVORECER QUE NUESTROS HIJOS DISFRUTEN CADA DÍA DEL DON
MARAVILLOSO DE LA VIDA –SIN OCASIONAR DAÑO Y PROCURANDO
AYUDAR AL PRÓJIMO– DEBIERA SER EL OBJETIVO PRINCIPAL DE LOS
PADRES, DEJANDO COMO SIGUIENTE PASO EN IMPORTANCIA SU
PREPARACIÓN PARA EL MAÑANA. DE OTRA MANERA LOS NIÑOS NO
APRENDERÁN A SER FELICES NI A GOZAR DE LO QUE TIENEN, A CAM-
BIO DE VIVIR PARA UN FUTURO POR DEMÁS IMPREDECIBLE.

JOSÉ NOVOA BODET

Contenido

Prólogo

Durante mis años de práctica pediátrica los padres de muchos pacientitos acostumbraron expresarme sus inquietudes respecto a la manera de educar a sus hijos. Al principio, con más lógica que conocimientos, pude contestar algunas dudas y como en mi calidad de padre yo también tenía gran cantidad de incógnitas sin resolver, empecé a recabar mayor información, de la que seleccioné algunas ideas de autores extranjeros para adaptarlas a nuestra idiosincrasia. Después, con mi propia experiencia y con la que me proporcionó el trato diario con las mamás y los papás de mis pacientitos, escribí algunas obras que los han ayudado a tener más aciertos en la hermosa tarea de educar a sus pequeños.

La literatura para ayudar en la educación de los hijos, sobre todo la que proviene de traducciones, se incrementa cada día, lo cual confirma así el deseo creciente de los padres de prepararse. Ésta es la razón de este manual, aunque mi intención no es escribir una obra más, sino proporcionar en la forma más breve y clara posible lo que, según mi experiencia, brindará a los nuevos padres los conocimientos de mayor utilidad en esta área.

En busca de amenidad, toda la obra es un diálogo donde mi interlocutor representa a todas las madres y a todos los padres de mis pacientitos que me pidieron ayuda y, siempre que fue posible, utilicé sus mismas preguntas y comentarios.

En realidad, éste es el libro que yo hubiera querido leer mucho antes de empezar a participar en la educación de mis hijos.

ACLARACIÓN

Nuestro idioma obliga a utilizar el género masculino si se abarcan dos o más personas de sexo diferente. Por esta razón debe entenderse, salvo que se especifique lo contrario, que al referirme a los padres de familia y a los niños, lo hago tanto en función de ellas como de ellos.

¿Es necesario prepararse para ser padres de familia?

– *¿De veras es necesario prepararse para ser papás? Hago esta pregunta porque existe la idea bastante generalizada de que nuestros padres lograron educarnos sin necesidad de preparación especial, y la prueba es que aquí estamos; si no lo hicieron del todo bien, tampoco tan mal.*

– Más que necesario, muchos lo consideramos indispensable. Y sin embargo, la educación de los hijos no forma parte de ningún programa en las escuelas de enseñanza media o superior, ni siquiera como materia optativa. Por lo tanto, las personas que quieren educar mejor a sus hijos tienen que buscar la información necesaria por su cuenta. Antes se educaba a los hijos mediante el sentido común, una que otra teoría y las recomendaciones de sus mayores, que se basaban en su propia experiencia o en conceptos transmitidos por generaciones, obviamente no siempre recomendables. Y como estancarse no es sano, acudieron en su ayuda la psicología, la puericultura, la pedagogía, la psiquiatría y la pediatría, y demostraron su gran utilidad en este campo con avances tan impresionantes, que no es posible pasar por alto su valiosa ayuda.

–En muchas personas estos conocimientos son bienvenidos, pero algunos abuelos se oponen a las innovaciones, y como tienen

cierta autoridad y por el respeto que se les tiene, no dejan de oca-
sionar fricciones con los papás.

—Es natural, pero ya no se trabaja con teorías. Los nuevos avances se han demostrado de manera experimental, y como muchos abuelos ya están mejor informados, se han vuelto más receptivos que las generaciones anteriores. Como quiera que sea, en la actualidad ya nadie se puede adjudicar el derecho de rehusar los beneficios de estos conocimientos.

—Yo pienso de la misma manera, pero... ¿nos llevaría a fallar co-
mo padres de familia intentar educar sin prepararnos, sin más recur-
sos que los recuerdos que conservamos de la propia educación, el sen-
tido común y el consejo de otros padres experimentados?

—No necesariamente. Si los padres provienen de familias bien integradas, si recibieron buena formación y si tienen intuición, pueden educar bien a sus hijos, pero nunca estará de más que se actualicen. Conviene recordar que todo es perfectible. Además, cualquier padre responsable anhela lo mejor para sus hijos, y ¿qué puede ser mejor para ellos que unos padres bien preparados?

—Tiene toda la razón. Desdeñar prepararse equivaldría a que las
madres pretendieran desempeñarse como educadoras en un jardín de
niños o como maestras en una escuela primaria, pretendiendo sustituir
la capacitación que se exige para obtener esos empleos solamente con
el sentido común y con el recuerdo de sus propias experiencias.

—Es una comparación de lo más oportuna y adecuada.

—Creo que muchos de nosotros sufrimos un cambio en nuestra
manera de ser cuando tenemos hijos. Como si nos volviéramos más
responsables y menos egoístas.

— No deja de ser una buena observación, aunque más bien pienso que al convertirse en padres de familia, se des-

piertan esos sentimientos que ya
al mismo tiempo que se fertiliz;
res. Pero hay algo también mu
pasar por alto: el miedo.

— ¿El miedo a no educarlos adecuu...
a que se accidenten?

— A todo eso, pero a través de diferentes mecanismos que
actuarán de acuerdo con la personalidad de cada padre de
familia. Por ejemplo, los inseguros, muy susceptibles a las críticas, tendrán miedo a no ser considerados buenos padres.
Otros, por albergar sentimientos de culpa, estarán atentos
para evitar que sus hijos cometan los mismos errores que e-
llos cometieron, y por lo tanto podrán actuar como jueces
severos y duros como una manera de castigarse a sí mismos.

— Podría ser el caso de un padre que de alguna manera sufrió
por haberse apoderado de lo ajeno.

— Exactamente, o el de una madre que no quisiera que su
hija viviera las mismas penalidades por las que ella pasó como consecuencia de relaciones sexuales desafortunadas previas a su matrimonio o su maternidad. En ambas situaciones los
padres podrían excederse en la vigilancia y en los castigos con
respecto a la honradez o la sexualidad de sus hijos.

— ¿Eso significa que no tener seguridad en nosotros mismos o
albergar sentimientos de culpa puede afectar en forma negativa la
manera de educar a nuestros hijos?

— Sí, por eso es tan importante que los padres que no se
aman a sí mismos pongan todo su esfuerzo en hacerlo y,
como el pasado es inmodificable, que aprendan a olvidar
los propios errores después de haber sacado provecho de
ellos y de perdonarse.

Cómo se forman los modos de ser

— Creo que a todos los padres nos gustaría que nuestros hijos tuvieran muchas cualidades pero también muy buen carácter. ¿Cómo lograrlo? ¿Cómo se forma la manera de ser?

— Para explicarlo de la manera más simple, diría que con lo heredado de ambos padres, y con todas las experiencias,

Ellos aprendieron a no dejar problemas sin resolver.

buenas y malas, que se viven desde el nacimiento. Para esto se vale de la memoria, en la que se van imprimiendo cada una de las experiencias que más tarde servirán como puntos de referencia para ser utilizados cuando sea necesario tomar una decisión.

– Y es necesario recordar que la vida es un constante tomar de decisiones. ¿Podría dar un ejemplo?

– Por supuesto. Si lo recibido en herencia es terreno propicio y la memoria tiene grabado que se deben enfrentar los problemas hasta quedar resueltos, cada vez que uno se presente, ni se dejará pendiente ni se huirá de él, porque el modo de ser ordenará se luche hasta resolverlo. Otro ejemplo podría ser el caso de una persona que en su etapa formativa hubiera obtenido cuanto quiso mediante berrinches. En lo sucesivo, cada vez que no obtenga lo que desea, recurrirá a distintas maneras de expresar su enojo como un medio para conseguirlo.

– ¿La forma de ser cambia con las experiencias que se van viviendo?

– Lo que se recibió en herencia no es modificable, pero el carácter sí. Recordemos que los cimientos se ponen en los primeros seis años de la vida, porque es la época en que se estructura la personalidad. Durante ese tiempo los niños hacen acopio de una cantidad enorme de experiencias que les harán saber, entre muchas otras cosas, las formas de comportamiento que les permitirán gozar de la aceptación y del cariño de sus padres y, por extensión, de las demás personas. También aprenden que el calor intenso quema, que los golpes duelen, que algunas cosas se permiten y otras se prohíben; que el mundo es bueno y que hay personas en las que se puede confiar..., o que hay que temer, desconfiar y protegerse de los seres humanos.

– ¿*Todas las experiencias se graban en la memoria?*

– Es muy probable que así sea, sin embargo, algunas predominarán por haber sido impactantes o repetitivas, al grado de que serán difíciles o imposibles de borrar. Otras crearán confusión, ya sea por inconstantes, como en el caso de la madre que prohíbe hoy y permite mañana, o por contradictorias: "ayer me hizo gracia que dijeras una mala palabra, pero si la repites hoy, que estoy malhumorada, te castigo por grosero". Cada vez que exista la necesidad de rectificar lo impreso en la memoria, será necesario tachar lo anterior o encimar los nuevos datos. Esto, además de hacer difícil su lectura, favorecerá errores de interpretación, quizás algún grado de inseguridad o que las decisiones a tomar sean tardías, inadecuadas o productoras de ansiedad.

– ¿*Qué sucede cuando el padre y la madre, por tener diferentes criterios, envían a sus hijos mensajes contradictorios?*

– Los niños se desconciertan. Por esto es importante que desde el principio reciban mensajes claros, en los que coincidan los criterios de ambos padres y también de las personas cercanas que pudieran influir en ellos, como los abuelos o los tíos, y aun los sirvientes en el caso de que los hubiere, ya que suelen convivir mucho tiempo con los pequeños. De esta manera la información, grabada en forma nítida y clara, será fácil de interpretar, y las decisiones serán fluidas y tan acertadas como lo hayan sido las enseñanzas recibidas.

– *Lo entiendo perfectamente, pero me asalta una duda: ahora que es más frecuente que ambos padres trabajen fuera del hogar, sobre todo si regresan cansados, es posible que dediquen poco tiempo a sus hijos. ¿Se puede dejar en otras manos una parte de la responsabilidad de educarlos?*

– Si queremos educar lo mejor posible, es necesario tener presente que los padres serán los maestros que más influirán en la vida de sus hijos, **aun sin quererlo, aun sin estar presentes, lo mismo haciendo que dejando de hacer.** Que sus acciones, sus palabras y hasta sus gestos van a ser constantemente observados por sus hijos, siempre sedientos de nuevas experiencias, ávidos de conocimientos y prestos para aplicar cada nueva adquisición. Y lo van a hacer principalmente imitando, porque de esa manera comprueban que aprendieron y son capaces de comportarse como aquellos de quienes reciben ejemplo y a quienes se quieren parecer. Ahora bien, si los padres tienen alguna persona de su absoluta confianza en quién delegar parte de esa educación, pueden hacerlo, aunque debemos reconocer que es difícil contar con personas de ideas tan afines a las de ambos progenitores como para confiarles muchos de los aspectos educativos, principalmente en esos primeros años tan importantes.

– *¿Qué sucede cuando los padres no estamos de acuerdo con alguna manera de ser propia de nosotros y por lo tanto no queremos ser imitados?*

– El modo de ser de los padres seguramente va a requerir de cambios y para ello tendrán que esforzarse, pero valdrá la pena porque recibirán ganancias adicionales, ya que las modificaciones logradas siempre serán para bien y van a contribuir para que ellos, siendo mejores adultos, vivan más momentos felices.

– *Ganancias nada despreciables, además de que esos cambios, por estar tan bien motivados, con seguridad serán adoptados en forma definitiva. En el caso de las madres solteras o cuando el padre abandona a la familia, ¿ella sola puede educar bien a su hijo?*

– El papá, además de la fortaleza y el apoyo que brinda a su compañera, juega un papel extraordinariamente importante en la formación de los hijos, por lo tanto su ausencia, cualquiera que sea la causa, influirá negativamente en su formación. Aun estando presente puede influir de manera negativa no sólo con actitudes importantes, como privarlos de su apoyo, sino con hechos de aparente poca importancia, como eludir su responsabilidad de otorgar permisos. Por eso, en el caso de que el padre faltara, se debe suplir su influencia con la de un hombre que haga sus veces, como un tío, un abuelo, un maestro o bien alguna amistad de características francamente deseables, puesto que será el modelo a seguir por los hijos varones o del hombre con el que las hijas se quieran relacionar.

– *Hay una idea que me ha estado dando vueltas desde que empezamos este tema. Muchos padres de familia recibimos una educación poco... "técnica", que nos ha conducido a tener modos de ser que no benefician o dañan a nuestros hijos, y creo es algo de lo que después nos culparán, como no dudo nosotros hayamos culpado a nuestros padres.*

— Si cometimos errores, los padres no debemos sentirnos culpables, del mismo modo que tampoco podemos culpar a nuestros padres ni ellos a los suyos. Pero sí seremos culpables de no hacer todo lo posible por cambiar nuestros modos inadecuados de ser, sobre todo si sabemos que necesitamos hacerlo.

— *¿Cómo puedo saber si le estoy ocasionando algún daño a mis hijos?*

— La maternidad y la paternidad son un largo camino en el que se deberán hacer frecuentes paradas para recapacitar, para valorarse, para platicar con el cónyuge, sobre todo, para darse cuenta si los hijos en realidad están viviendo felices, si

se sienten verdaderamente orgullosos de sus padres y no tienen quejas importantes de ellos. Es la mejor manera de saber qué tan bien se ha estado actuando.

— *Puesto que nuestros hijos se van a tratar de parecer a nosotros, para iniciar cambios favorables en nuestro modo de ser, ¿qué nos podría recomendar con el objeto de mejorar nuestro ejemplo de padres?*

— A través de muchas lecturas* he recopilado algunas ideas que, por haberme sido de gran utilidad, no dudo sirvan también a muchas mamás y papás. Algunas tal vez parezcan obvias, pero no lo son. Sugiero meditar con detenimiento cada una para seleccionar las que por el momento se consideren prioritarias y releerlas con frecuencia hasta lograr cambios. Después hacerlo periódicamente porque es fácil recaer:

— Quiérete, cuídate, date apoyo y aliento.

— Aprende a perdonarte.

— Tu vida es lo que tú quieres que sea. Esfuérzate en hacerla meritoria.

— Haz del amor el principal objetivo de tu vida.

— Las personas –los niños en particular–, son más importantes que las cosas. Tenlo presente cuando las deterioren o las destruyan.

— La vida es más breve de lo que crees y este momento, el único tiempo seguro con el que cuentas. Disfrútalo y acepta sin envidias lo que te ha correspondido.

* Véase Bibliografía, núms. 5, 7, 10 y 12.

– Esfuérzate siempre por ser afectuoso, amable y comprensivo con todo el mundo. Y más con tu verdadera familia: tu cónyuge y tus hijos.

– Respeta las opiniones ajenas. Tú puedes estar equivocado.

– Libérate de tristezas, resentimientos, ira, odios y temores. Cuando afloren sustitúyelos con pensamientos optimistas, alegres y de perdón.

– Reconoce los méritos de otros y calla o disimula sus errores.

– Expresa tus sentimientos adecuadamente. No te los guardes.

– Regala, comparte, sonríe. Encuentra el sentido del humor.

– Los malos recuerdos y los rencores son hechos pasados imposibles de cambiar. Evocarlos te impiden disfrutar del presente.

– Preocuparte es temer pasivamente algo que tal vez no suceda.

– El dinero y los bienes no son garantía de seguridad. Prepararse para resolver cualquier eventualidad sí lo es.

– Busca y aprovecha lo bueno que traen las adversidades.

– Eres responsable de cómo te quieres sentir. No permitas que otros influyan negativamente.

– La ira y el deseo de venganza son permisos que otorgas a otros para que te controlen.

– Nadie puede vanagloriarse de no haberse equivocado. Haz que tus errores únicamente sirvan para aprender de ellos.

– Hoy es un día pleno de oportunidades. Aprovéchalo, trata de que sea el mejor de tu vida y no termine sin haber hecho algo que te enorgullezca.

– Despierta a tu hijo con un beso. Durante el día hazle sentir que él es lo mejor, y por la noche pregúntale qué hizo de bueno por alguien.

– *¡Muy bien! En lo que a mí se refiere, todas estas ideas son aprovechables y creo que si los padres nos empeñamos en asimilarlas nos será fácil inculcarlas a nuestros hijos.*

– Claro que sí. Y su ejemplo será más genuino.

– *¿Es conveniente insistir en que nuestro cónyuge cambie un modo de ser cuando comprendemos que de esa manera se beneficiarán los hijos o el matrimonio?*

– Creo que se debe actuar con cautela, porque se puede estar equivocado y tal vez quien deba cambiar sea quien lo propone. Y también existe la posibilidad de que el cónyuge no esté de acuerdo en cambiar. Para poder realizar cambios en la manera de ser es indispensable estar plenamente convencido, y aun así no es fácil obtener logros definitivos puesto que las recaídas son frecuentes. Ahora bien, si las personas que en verdad quieren cambiar tienen dificultades para lograrlo, ¿qué se puede esperar de quien no está verdaderamente convencido? Si éste es el caso, insistir en que el cónyuge cambie puede ocasionar serios quebrantos familiares.

– *En cuyo caso saldría peor el remedio que la enfermedad, claro. Pero entonces ¿qué se debe hacer cuando, sin lugar a dudas, exista el convencimiento de que el cónyuge debe cambiar algún modo de ser?*

– Habría que mejorar la comunicación conyugal llevando por delante el respeto a las ideas ajenas, aun estando en desacuerdo con ellas, y buscar la manera de motivar al cónyuge para que sienta la necesidad del cambio. En casos extremos puede ser necesaria alguna asesoría profesional competente en relaciones familiares, pero a la pareja.

– *Pero si quien debe cambiar es uno de los cónyuges, ¿por qué deben acudir ambos?*

– Porque así se evitan resistencias y se tiene la oportunidad de escuchar los puntos de vista del cónyuge que supuestamente debe cambiar. De otra manera podrían parecer acusaciones que condujeran a defenderse más que a buscar soluciones.

El desarrollo de los hijos

— He querido enterarme de las etapas del desarrollo de los niños, pero honestamente lo he pospuesto por creer que es algo aburrido. Por otra parte, muchos padres preferimos leer algo que nos permita obtener conocimientos útiles para nuestro trabajo o que nos relaje o divierta.

— Suponga que acaba de adquirir un costoso aparato electrónico. Sólo tiene que instalarlo y ponerlo a funcionar, para lo cual debe leer el instructivo y seguir las indicaciones paso a paso, pero le resulta difícil y aburrido. ¿Se arriesgaría a hacerlo exclusivamente mediante la lógica? ¿Y si no lo puede hacer funcionar? ¿Y si daña el aparato que tanto le costó? ¿Llamaría al experto cada vez que necesitara utilizar los controles?

— Desde luego que no. Tendría que leer el instructivo aunque no me gustara, pero... ¿por qué darles tanta importancia a las etapas del desarrollo?

— Porque conocerlas es de gran trascendencia ya que todos los niños, sin excepción, van a pasar por ellas. Y porque **deben vivir adecuadamente cada etapa con el objeto de que aprendan la manera de resolver problemas.** Además, de ninguna manera son aburridas.

— Muchos padres ni siquiera tienen idea de estas etapas y más o

menos van saliendo adelante con sus hijos. ¿A qué los puede conducir el hecho de ignorarlas?

– Salen adelante, pero sólo en apariencia. Si no conocen las etapas del desarrollo, posiblemente entorpezcan o eviten que las experimenten.

– Pero si tienen que pasar por ellas, ¿cómo pueden evitar que las experimenten?

– Aunque no de manera absoluta, lo pueden hacer si los desalientan, inhiben, someten o ridiculizan. Así, además del daño que esto implica, favorecerán el aprendizaje de maneras equivocadas o impedirán que aprendan a resolver problemas.

– Entiendo. Además, no estamos aquí para salir más o menos adelante, sino para saber cómo formar buenos hijos. ¿Qué clase de problemas son los que tienen que aprender a resolver?

– Hablemos de los más importantes para el tema que nos ocupa. Los niños obligadamente van a tener que pasar por un sinnúmero de enfrentamientos con sus padres. Pongamos por caso una niña de 4 o 5 años que intenta jugar con unas tijeras puntiagudas, a lo que sus padres se opondrán a pesar de sus insistencias. Esto le producirá una frustración que tal vez logre dominar, aunque al principio es probable que se desahogue mediante llanto o rabietas. Ante esta situación, sus padres reaccionarán consolándola, castigándola, prometiéndole alguna concesión, proporcionándole algún otro objeto en sustitución de las tijeras o no haciéndole caso. De esta experiencia aprenderá algo muy importante: hay cosas que nunca podrá conseguir. Y, de paso, si hace una rabieta, también aprenderá que cuando no pueda obtener lo que quiere, si desahoga sus emociones en un berrinche, puede recibir algo que la sustituya, un castigo, que se le ignore o aprenda la manera de dominar a sus padres.

– *Cualquiera que observe a un niño de más o menos dos años de edad, podrá darse cuenta que a veces desafía a sus padres para saber hasta dónde puede llegar. Además, entiendo que estas experiencias marcarán el tipo de conducta con otras personas que tengan autoridad, como los maestros y el gobierno.*

– Precisamente. Otro ejemplo podría ser, pongamos por caso, los pequeños a quienes se priva de la oportunidad de relacionarse con otros niños al empezar su socialización, por-

que no aprenderán a hacer valer sus derechos ante las inevitables agresiones que surgen con las diferencias en las reglas de sus juegos. Tampoco adquirirán experiencia cuando sus amiguitos los priven de un juguete o les exijan que lo preste.

– *O sufrirán las consecuencias si son ellos los que quieren apoderarse de los juguetes ajenos o imponer sus propias reglas.*

– Claro, y si tampoco tienen la oportunidad de convivir con personitas de sexo diferente al suyo, es muy probable que en el futuro se les dificulte relacionarse adecuadamente con el otro sexo.

– *Me ha convencido. Me gustaría que abundara un poco en las etapas del desarrollo, así como en lo que sucede cuando los niños las viven adecuadamente y lo que puede suceder en caso de no ser así.*

– Con mucho gusto, y lo resumiré al máximo para hacerlo más ameno. **La primera y la segunda etapas se inician con el nacimiento y concluyen aproximadamente entre los 12 y los 18 meses de edad** al cabo de los cuales, si el bebé ha sido atendido con amor y con esmero, y si sus órganos de los sentidos y sus habilidades han sido estimulados adecuadamente, al terminar estas etapas habrá aprendido que puede *confiar* en su madre y consecuentemente en su mundo. Además, poco a poco se ha dado cuenta de que no todo lo puede tener en el momento en que lo desea y, por lo tanto, comienza a aprender a *esperar.*

– *El mejor antídoto para la impaciencia.*

– Y para la ansiedad y las neurosis.

– *Hay una edad en que los niños lloran desesperadamente cuando ven a un extraño. ¿A qué se debe?*

– A que alrededor de los ocho meses han aprendido a conocer las caras de las personas que ven de manera habitual y sienten miedo al ver un rostro extraño. En esta época aproximadamente se hace presente la *angustia de separación,* que se manifiesta cuando la mamá se ausenta por un tiempo más o menos prolongado. Por eso no es conveniente para las madres que trabajan fuera de casa elegir esta época para regresar a su trabajo. Por cierto, como preparación para separarse de su madre, el juego de esconderse del bebé por instantes es de mucha utilidad, porque si bien es cierto que en la primera fase del juego el bebé parece desconcertarse, cuando el rostro conocido se vuelve a hacer presente expresa una gran alegría. Es una forma de ayudarle a adquirir la seguridad de que si su madre desaparece, no es para siempre.

– *Lo cual debe servir también para que duerman solos. ¿Qué obtienen los niños en el caso de haber pasado satisfactoriamente por estas dos etapas?*

– Empiezan a adquirir la capacidad de amar, así como la *confianza* y la *seguridad* de vivir en un mundo predecible, constante y digno.

– *Elementos indispensables para ser sociables y vivir libres de zozobras injustificadas. ¿Y de no haber sido así?*

– Habrá adquirido sentimientos de *desconfianza* que lo llevarán, quizá durante toda su vida, a vivir con *temor* y *sospecha* de las personas con quienes se relacione.

– Eso sería terrible porque no podrían vivir con tranquilidad. Cada vez siento mayor curiosidad por las otras etapas del desarrollo. ¿Qué nos puede decir de la siguiente etapa?

– **La tercera etapa se inicia entre los 12 y los 18 meses y termina aproximadamente a los tres años.** Es extraordinariamente rica en adquisiciones. El hecho de aprender a caminar les permite separarse voluntariamente de su madre, con lo que da principio a su libertad. Así mismo, comienzan a tomar conciencia de sus propias limitaciones y del significado del NO. Hasta ese momento nada se les ha exigido, pero ahora deben aprender a obedecer, a lo cual se oponen con mucha frecuencia. También adquieren las nociones más rudimentarias del orden, de la limpieza, de la puntualidad y del respeto a la propiedad ajena. ¡Ojo!, por primera vez llegan los sentimientos de culpa y de vergüenza y, al hacerse presente su sentido de la propiedad, aparecen la envidia y la rivalidad. Hacen rabietas. Entran en conflicto sus necesidades de ser aceptados y queridos con su tendencia natural de agresión, y comienzan a vislumbrar los conceptos del bien, del mal, de la justicia y de la responsabilidad, así como de dar y recibir. Poco a poco van siendo capaces de dominar sus impulsos. Adquieren conciencia de tener un nombre, de ser miembros de una familia y se identifican como niños, o como niñas... aunque sin que les quede muy claro el porqué. Sienten gran afecto por su madre y tienden a ser tímidos.

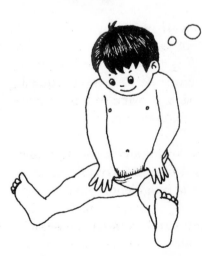

— ¿Por qué esa llamada de atención acerca de los sentimientos de culpa y de vergüenza?

— Porque son sentimientos que de ninguna manera se deben favorecer, ya que es frecuente que los familiares los induzcan si les parecen graciosos sus gestos y actitudes cuando se sienten de esa manera.

— Entiendo. ¡Y vaya que tienen mucho que aprender en esta etapa! ¡Y lo hacen en año y medio o dos años! Verdaderamente se trata de una etapa muy rica en adquisiciones.

— Al mismo tiempo que de una gran responsabilidad para los padres, y hasta cierto punto peligrosa.

— ¿Por qué peligrosa?

— Si calificáramos su modo de ser en esta etapa, ¿no diríamos que son desobedientes, envidiosos, egoístas, destructores, berrinchudos, obstinados y sucios?

— A ratos son encantadores, pero hay momentos en que... sí, creo que esos adjetivos les vendrían como anillo al dedo.

— Pues bien, **cuando se ignora o se olvida que en esta etapa éstos son los modos de ser naturales y en lugar de enseñarles poco a poco la manera de superarlos se les trata de corregir mediante castigos, se les puede lastimar física y emocionalmente.**

— Tiene toda la razón al decir que es peligrosa. Ya no digamos todos esos calificativos, con dos o tres de ellos como forma de ser, si no estuviera de por medio el amor, podrían convertir en madres o padres golpeadores a muchas personas sin suficiente preparación. ¿Qué obtendrán los hijos de esta etapa en el caso de que los padres hayamos ayudado adecuadamente?

– Erik Erikson lo resumió en una sola palabra: *autonomía.*

– *Lo contrario de autonomía es dependencia. ¿Quiere decir que los niños que no pudieron aprender a resolver los problemas propios de esta etapa tendrán problemas para ser independientes?*

– No solamente eso. En adelante *dudarán* de sus propias capacidades, por lo cual se sentirán *avergonzados.* Y estos sentimientos se recrudecerán durante la adolescencia, a menos que tengan la oportunidad de resolver lo que no pudieron hacer en su momento.

– *¿Y cómo podrán lograrlo?*

– Conforme vayan sintiendo la necesidad de hacerlo, aunque no siempre lo consiguen. Por ejemplo, volviendo al tema de la dificultad para socializar, si a su tiempo no llegaron a resolver ese problema, si no supieron cómo hacer valer sus derechos o salir airosos de una dificultad con otros niños, serán tímidos y retraídos y, quienes no tuvieron la oportunidad de socializar con niños del otro sexo, tratándose de muchachos se ruborizarán cuando una mujer les hable o viceversa. Y no se atreverán a abrir la boca aunque tengan algo que decir. Sin embargo, si su necesidad de hacer amigos y amigas es mayor que sus temores, esforzándose podrán encontrar el modo de vencerlos, aunque al principio no les sea fácil.

– *Si no logra resolver ese problema, ¿siempre sentirá la necesidad de resolverlo?*

– Sí, aunque es posible que lo pueda esconder de su conciencia para restarle importancia, ya que de otra manera sería una carga que le impediría vivir con tranquilidad.

– *Con lo cual dejaría de sentir la necesidad de cambiar su manera de ser.*

– Pero sólo de manera temporal, lo cual no es ninguna solución. Si tiene oportunidad y efectivamente quiere cambiar, podrá recibir beneficios con ayuda psiquiátrica o psicológica, aunque también existe la posibilidad de que pueda vivir alguna experiencia favorable, "reconstructiva", que haga innecesaria ese tipo de ayuda.

– *Desde luego que más vale prevenir que curar, además de que se evitarían los sufrimientos antes de lograr cambiar.*

– De acuerdo. Ahora bien, **la cuarta etapa principia entre los tres y los cuatro años y termina alrededor de los seis.** Al principio suelen ser ritualistas, absorbentes y muestran gran deseo por agradar. A los cuatro años es natural que imaginen cosas y que las digan como ciertas, por lo que no se debe pensar que no están bien de sus facultades ni deben ser castigados por mentir. Suelen ser egoístas y rudos con sus hermanos menores, y amenazan o insultan. A los cinco años se vuelven más realistas y serviciales y gustan de hablar, y a los seis son jactanciosos, resistentes a las medidas correctivas y lloran con facilidad. **Esta etapa tiene una gran importancia desde el punto de vista sexual,** porque tanto los varoncitos como las mujercitas sienten una curiosidad natural por explorar su cuerpo, y al tocar sus genitales descubren que les ocasiona placer. Cuando sus progenitores los ven piensan que se están masturbando y hasta los más liberales tratarán de impedirlo.

– *Muchos padres creemos que hay que evitar que nuestros hijos se masturben para que no se vuelva un hábito que los pueda dañar, independientemente de que nos avergonzaríamos en caso de que lo hicieran frente a otras personas.*

– Aparte de que no daña, esta curiosidad no es propiamente masturbación, y si no existen problemas de tipo físico o emocional no se volverá costumbre, sobre todo si no se les regaña ni se les avergüenza o castiga. En última

instancia, se les puede distraer desviando su atención o pidiér.loles que hagan una tarea agradable.

— *El apego que las niñas en estas edades muestran por el papá, ¿tiene que ver con lo que deben aprender del sexo?*

— Por supuesto, lo mismo que el apego de los varoncitos con sus mamás. En esta etapa, el amor que los niños sienten por sus padres, sobre todo por el del otro sexo, se vuelve mucho más posesivo. Los varoncitos sienten celos de su propio padre, y para complicar más las cosas, temen que él, a quien ven como rival, ejerza alguna represalia en su contra. En el caso de las niñas es exactamente lo mismo, sólo que ellas aman a su padre y sienten celos del amor de su madre hacia su padre, pero temen a las represalias que ella pudiera ejercer por esta razón.

Mamá, ¿por qué no nos vamos tú y yo solitos a Acapulco, y que papá se quede con Leonila?

– *Casi parece una telenovela truculenta. ¿Qué hacer para salir airosos de estos problemas?*

– Manteniendo ambos padres firme y abiertamente su amor entre sí, además de continuar demostrando que les siguen dando todo su amor y su apoyo a sus hijos.

– *Con lo cual los hijos, por supuesto, se darán cuenta de que no pueden romper la relación de sus padres como pareja. Bueno, esto no debe ser difícil en los matrimonios que en verdad se aman, pero ¿qué sucede cuando los padres tienen conflictos entre sí?*

– Provocarán que esas ideas se prolonguen, acentuando los problemas familiares ya existentes. Volveremos a tratar el tema cuando hablemos de homosexualidad.

– *De acuerdo. Hablemos entonces de lo que obtendrán los hijos al vivir exitosamente las experiencias de esta etapa, lo mismo que las de haber fracasado.*

– Independientemente de superar los conflictos de amor hacia sus padres o de estancarse en ellos, en el caso de que se les hayan facilitado las oportunidades de socialización, de juegos, de diversiones, de estudio y de practicar deportes, reforzarán su sentido de *iniciativa*. En caso contrario, si han sentido que sus peticiones molestan a los demás y se les critica o les hacen comentarios sarcásticos, adquirirán sentimientos de *culpa* por no hacer bien las cosas.

– *Lo cual, por desgracia, es bastante frecuente.*

– En efecto, pero el grado en que los niños resultan afectados es muy variable, porque dependerá de su personalidad, de las áreas en las que dejaron de tener suficientes experiencias y de las influencias que hayan recibido en contra.

– *Tengo dos hijos en edad escolar y estoy ansioso por conocer la siguiente etapa. Me imagino que empieza alrededor de los seis años.*

– Sí. **La quinta etapa transcurre aproximadamente entre los seis y los diez años de edad.** A los siete años mejoran notablemente sus relaciones de grupo, son reflexivos y capaces de poner toda su atención, pero sólo en lo que les interesa. A los ocho tienen tendencia a dramatizar, y a los nueve se empieza a notar su sentido de responsabilidad. Comprende la época en que asisten a la escuela primaria, donde van a asimilar no solamente lo que se les enseñe: también *aprenderán a estudiar*, lo cual es muy importante porque la manera en que lo hagan probablemente será la que utilicen de ahí en adelante

– *Va a ser una etapa llena de responsabilidades para los padres: la elección de escuela, interesarse por la relación de sus hijos con sus amigos y con sus compañeros y maestros, ayudar en el buen aprovechamiento de su tiempo libre, vigilar que se cumplan las tareas escolares y seleccionar los programas de la televisión.*

– Así es, y se nota que habla con experiencia. Bien, por otra parte, empezarán a ver a sus padres desde un punto de vista más real; por lo tanto los bajarán del pedestal de poder y sapiencia en que los tenían, y disfrutarán enormemente si pueden hacerles notar sus errores y sus contradicciones.

– *Por lo tanto, es una época difícil para mantener las buenas relaciones paternofiliales, especialmente cuando los padres se sienten ofendidos.*

– Por supuesto, pero si conservan la calma y aceptan y corrigen lo que consideren justo, vuelven a crecer ante los ojos de sus hijos. Pero continuemos con su desarrollo. En esta etapa se interesan en la manera en que fue hecho cualquier objeto, para qué sirve y cómo funciona, y les da gusto hacer cosas con sus manos. Los padres que se mantengan atentos para no desperdiciar esta gran oportunidad de ayudarlos, les facilitarán todo el material necesario.

— *Recuerdo que cuando tenía nueve o diez años de edad mi padre me regaló unas obras de Emilio Salgari y de Julio Verne, y desde entonces me aficioné a leer.*

— Es una edad estupenda para iniciar el gusto por la lectura. Algunos libros de aventuras pueden ser un buen principio, lo mismo que las revistas que satisfagan su curiosidad y estimulen el aprendizaje. También son muy aconsejables los libros de historia, de buenas acciones, de honradez y de cumplimiento del deber. Ahora bien, si además se les permite participar en cualquier tipo de labores con la mínima ayuda por parte de los adultos, si se evitan los comentarios críticos a su trabajo, y si se empeñan en descubrir lo que hicieron bien con el objeto de estimularlos o recompensarlos, adquirirán sentimientos de *laboriosidad.*

— *¡Estupendo! En este lapso no sólo van a aprender lo que les enseñen en la escuela. También van a aprender a estudiar y a adquirir el gusto por trabajar.*

— Pero en el caso de que no se valoren debidamente sus esfuerzos *de acuerdo con su edad y sus capacidades,* o si se les riñe o castiga por considerar que lo hecho lleva la intención de hacer alguna travesura, en lugar de favorecer sus sentimientos de laboriosidad, *les crearán sentimientos de inferioridad.*

— *Que después muchos tratarán de ocultar pretendiendo dar la impresión de que son superiores.*

— Con lo cual se harán antipáticos y, puesto que dejan de ser genuinos, van a adquirir actitudes que les ocasionarán serios problemas para ser aceptados por los demás.

– *Nada más que debemos tomar en consideración que durante las edades que abarca esta etapa, pasan mucho tiempo en compañía de sus amigos y lejos de sus padres, tanto en la escuela como en los lugares donde hacen deporte o se divierten y, por lo tanto, pueden recibir influencias negativas en esos ambientes.*

– Y también positivas, pero hablemos de las negativas. *Si se mantiene viva la comunicación con los hijos,* con toda seguridad ellos mismos darán a conocer la índole de esas influencias, así como de dónde provienen. Por lo tanto, no se debe escatimar ningún esfuerzo para no entorpecer y para mantener la comunicación permanente entre padres e hijos, porque gracias a ella es posible desarrollar la confianza que permita descubrir y prevenir o neutralizar ese tipo de influencias.

– *Desafortunadamente, sobre todo al aproximarse a la adolescencia, he notado que los hijos, sobre todo los varones, tienden a rehuir a sus padres y a encerrarse en sí mismos.*

– Al nacer, los niños tienen una absoluta necesidad de sus padres como papás, y no requieren de su amistad. Pero conforme crecen van necesitando que ellos también sean un amigo y una amiga en quienes confiar, por supuesto sin que dejen de ser sus padres, lo que equivale a continuar dando buen ejemplo, ayudando a corregir y estimulando sus potencialidades.

– *Parece fácil pero, para que se forme una amistad, se requiere un cierto grado de igualdad que no puede existir entre padres e hijos. Por ejemplo los padres, que casi todo lo pueden, tenderán a sentirse sus superiores y sus maestros, mientras que el niño, tan dependiente...*

– Toca a los padres tener presente esa necesidad de amistad para que con el tiempo se emparejen las diferencias, de tal modo que al continuar madurando se vaya *superponiendo* en la relación padres–hijos, de tal modo que al llegar a la adolescencia, *sin abandonar su autoridad,* los padres estén en capacidad de ofrecerles el mismo trato que mantienen con sus propias amistades, respetándolos, escuchándolos comprensivamente, alentándolos a exponer sus problemas antes de formarse juicios y de opinar y para no alejarlos, y nada más cuando ellos lo soliciten, aconsejar, evitando actuar como jueces, como críticos o como amonestadores, así como de imponer las propias verdades.

— *Y cuando se conviertan en adultos serán solamente amigos.*

— Los mejores amigos que unos y otros puedan tener.

— *¿Cómo se puede ser amigo de los hijos y mantener simultáneamente la autoridad en esa edad tan difícil como lo es la adolescencia?*

– En esta etapa es natural que pretendan gozar de todos los derechos de los adultos, al mismo tiempo que mantener las consideraciones y las canonjías que han venido disfrutando desde niños. Pero como adultos, todavía les hace falta madurez, y como niños, aún tienen la necesidad de que se les fijen límites a su conducta. Esto, que no es ningún secreto, se debe tratar abiertamente con los adolescentes.

– *También considero que aconsejar es una gran responsabilidad que no se debe tomar a la ligera, pero que es muy difícil sustraerse al deseo de hacerlo.*

– Completamente de acuerdo, porque el aconsejador no está viviendo el problema y, de seguirse su consejo, tampoco vivirá en carne propia los resultados que, si bien pudieran ser buenos, también podrían ser malos. Por lo tanto, el padre que ha de aconsejar porque así se lo solicitan, si en verdad lo hace con la cabeza fría, más bien debería exponer las consecuencias que a su juicio se derivarían de seguir diferentes opciones, y dejar la decisión en manos del afectado.

Cómo disciplinar a los hijos

– *Creo que lo primero en que muchos padres pensamos para corregir a nuestros hijos es en el castigo, pero veo que existe mucha controversia. ¿Qué nos puede decir al respecto?*

– Primero me gustaría que los padres tuvieran presente algo que considero de capital importancia. Las palabras mi o nuestro, tratándose de personas, no indican propiedad. Cuando nos referimos a mi médico o mi abogado, no estamos indicando que seamos dueños de ellos, como tampoco podemos hacerlo al hablar de nuestros vástagos. **Por lo tanto nuestros hijos, si llegaran a requerir medidas disciplinarias, merecen todo nuestro respeto.**

– *Es una aclaración muy oportuna porque muchos padres, si no se detienen a pensar en esto, pueden cometer abusos verdaderamente graves, sobre todo si castigan a niños muy pequeños. A propósito, ¿a qué edad y de qué manera conviene empezar a disciplinar a los chiquitines infractores?*

– Alrededor de los cuatro años, que es la edad en que los niños ya están en capacidad de saber que no es correcto actuar de una manera determinada, pero no antes, **porque hasta ese momento nada más se les debe enseñar qué se les permite y qué no deben hacer.**

– *¿Eso quiere decir que antes de esa edad no es bueno ni siquie-*

ra un manacito para impedir que toquen o se apoderen de todo lo que está a su alcance?

– Seguramente recuerda esos espectáculos en que hacen trabajar a perritos o a delfines amaestrados, premiándolos con una croqueta o un pescado cada vez que demuestran sus habilidades. Si durante su entrenamiento estos animales hubieran recibido golpes por no hacer lo que se les pedía, jamás habrían aprendido. El aprendizaje del NO de ninguna manera conviene enseñarse mediante el temor a los golpes o, para decirlo mejor, por miedo a los padres.

– *Es cierto, y creo conveniente recordar que no se puede amar a quien se teme. Además, también se les suele avergonzar, humillar, intimidar o castigar como medidas disciplinarias.*

– En particular es el castigo que ocasiona dolor físico el que cuenta con una gran aceptación, porque muchos padres creen sinceramente en sus buenos resultados puesto que de esta manera consiguen que los obedezcan sin chistar y de manera inmediata. Sin embargo, se debe recordar que el respeto basado en el temor puede conducir al odio. Es otra de las razones para utilizar mejores métodos para disciplinar a los pequeños.

– *De acuerdo, pero vamos a suponer que estamos convencidos de que un niño ya sabe que no debe cometer una acción reprobable, a pesar de lo cual no se detiene.*

– Primero hay que darse un tiempo para pensar por qué lo hace: ¿está retando a la autoridad? ¿Quiere saber si se lo van a permitir o si puede hacer lo que le venga en gana? ¿Habrá olvidado que era una prohibición? Este breve lapso hará posible que los padres se den cuenta si tienen algo que corregir en ellos mismos, y les da la oportunidad de actuar fríamente. Ahora bien, si es necesario corregirlos, primero se les debe hacer notar concretamente en qué consiste su falta y después, mirando a sus ojos, informarles que es algo que no están dispuestos a tolerar –si efectivamente no lo van a tolerar–, pero no se les castigará por haberlo hecho.

– *Me parece muy adecuada esa aclaración porque no siempre somos consistentes en las prohibiciones, lo que obviamente, aparte de confundirlos, va en detrimento de nuestra autoridad. Sin embargo, dudo mucho que una advertencia sea suficiente, y ante la repetición de la acción indebida muchos padres se inclinarán por un castigo.*

– En estos casos lo frecuente es que el educador se enoje, que grite y recurra a los regaños y a las amenazas, así como a los castigos corporales. Pero debemos tener presente que a los niños les va a ser muy difícil aceptar que cometieron una falta si esperan un regaño o un castigo, y más aún si se trata de golpes. Por lo tanto, intentarán ocultarla o mentirán.

– *Dicho sea de paso, su ingenuidad a veces los lleva a inventar explicaciones tan inverosímiles, y a veces tan graciosas, que desencadenan la risa o el perdón de los mayores, reforzando así la repetición de la falta.*

– Claro. Por otro lado, la infracción cometida se debe comentar sin enojo –aunque para tal fin se tenga que dejar transcurrir el tiempo necesario para tranquilizarse–, porque **con el solo hecho de que un niño reconozca que actuó mal, está en capacidad de aceptar que pudo haber escogido una mejor manera de actuar y quizás hasta de reparar lo que hizo mal.** Pero si en lugar de ayudar a esa aceptación se le intimida, le propician una actitud defensiva, con la que intentará justificar su mala acción no solamente ante sus padres, sino también ante sí mismo, con lo que se perderá lastimosamente la oportunidad de obtener enseñanzas.

— En teoría me parece que puede ser una conducta estupenda, pero que exige de los padres un control sobre sus emociones que no es fácil de lograr.

— Antes mencionamos que si los padres querían tener buenos hijos, tendrían que cambiar ellos primero, lo cual traería como ganancia adicional que a su vez mejoraran como personas. Por ejemplo, una madre consciente de ser ansiosa, se propone ser más tranquila y obtiene algunos logros a través de los cuales se da cuenta de las enormes ventajas de ser paciente; esto la motivará y le permitirá ayudar con mayor eficiencia a sus hijos y, como el autocontrol se facilita con la práctica, sus buenos resultados la alentarán a persistir.

– *¿Y si los padres fallan, si no son constantes en su decisión de cambiar su modo de ser?*

– Los niños son nobles por naturaleza y saben perdonar. Y también son capaces de entender los esfuerzos de sus padres y el mensaje que les transmiten: no te des por vencido, lucha como yo lo estoy haciendo.

– *Y hasta les pueden ayudar en su propósito. ¿Y qué pasa con esos padres que se van al otro extremo y permiten que sus hijos hagan todo lo que les viene en gana?*

– Los padres exageradamente permisivos o consentidores, pueden adoptar esa actitud por varias razones, por ejemplo, por ignorar el daño que pueden ocasionar o por miedo a perder el cariño de sus hijos, pero deben hacer conciencia de que tal temor es completamente infundado. La experiencia ha demostrado que los hijos quieren y respetan más a los padres firmes que a los blandos. **Todos los niños tienen necesidad de que se les fijen límites y se les obligue a respetarlos,** porque de esa manera se sienten seguros y confirman su confianza en sus padres. Además, los límites son básicos para que aprendan a respetar los derechos ajenos.

– *¿Y si se soslaya la responsabilidad de fijar límites?*

– El niño puede pensar que no se le ama, que no es importante para sus padres, y asumirá actitudes francamente indeseables con el objeto de descubrir cuáles deben ser sus propios límites. Los niños pequeños necesitan reglas, no razones.

– *Pero existe el riesgo de caer en el extremo de ser demasiado estrictos.*

– Efectivamente, pero cuando el verdadero amor –no el amor propio– está de por medio, difícilmente se irán a extremos inaceptables. Los límites impuestos a los niños se han comparado con los muros de un cuarto oscuro en donde se tienen que mover. Si los muros no existieran, temerían a lo desconocido, a alejarse y perderse, o sufrir un accidente. Pero si se mantienen dentro de ellos, rápidamente llegan a conocer el terreno y a moverse con libertad y confianza. Lógicamente, si los muros no fueran firmes, no cumplirían con su objetivo.

– *Desde luego que el tamaño de ese supuesto cuarto variará de acuerdo con cada niño y con la amplitud de los límites que sus padres decidan fijar. ¿Y qué hacer si hay reincidencia de malas acciones?*

– Cuando se aprecie intencionalidad repetida de dañar a terceros o a sus pertenencias, habrá que detenerse a pensar en los motivos que los impulsan a tener ese comportamiento. Es probable que las relaciones entre los padres no sean adecuadas o los niños lo hagan para atraer su atención, como suele suceder cuando se sienten abandonados, tienen envidia o celos de un hermano, o porque traten de averiguar si pueden dominar a sus padres. La índole del problema dará la pauta de su solución. Sin embargo, ante la reincidencia inexplicable o pertinaz, no hay que perder de vista la posibilidad de que se pueda necesitar ayuda médica o psicológica.

– *No me queda muy clara la manera en que las relaciones inadecuadas de los padres pueda favorecer la mala conducta de un hijo.*

– En algunos matrimonios las peleas llegan a ser tan ásperas y tan frecuentes que los hijos temen que sus padres se agredan físicamente o se separen. Entonces pueden ver como una solución convertirse a sí mismos en problema, en espera de que sus padres se reconcilien para ayudarlos.

– *Todo lo que se ha dicho hasta este momento me parece muy adecuado, pero creo que la inmensa mayoría de los padres, además de amonestar, hemos recurrido alguna vez a los golpes o los hemos enviado a un rincón, sobre todo cuando llegamos a perder el control.*

– No seríamos humanos si fuéramos perfectos, pero es necesario tener presente que **para pegar no es necesario pensar.** ¡Cualquiera lo puede hacer! En cambio, tener presentes otras opciones requiere darse tiempo para razonar, pero vale la pena. Además de evitar errores y abusos, le brindan al hijo la oportunidad de recibir una lección más formativa y menos productora de agresión y rencores.

– *Algunos padres nos sentimos culpables cuando hemos pegado a nuestros hijos para disciplinarlos.*

– Cuando se le pega, un hijo puede pensar que mereció el castigo *por ser malo.* Y es indispensable tener en mente que nunca se les debe decir –ni dar a entender– que son malos, mentirosos, destructores ni tantos otros epítetos con que se les suele designar cuando se pierden los estribos, porque es muy probable que lo crean y continúen actuando de acuerdo con esa creencia. Por esta razón **se debe disciplinar únicamente por la acción cometida**, sin encasillar al infractor con

¡No sé pensar, pero sí pegar!

un calificativo. Por otro lado, **una** nalgada tampoco debe ser motivo para inquietar ni para hacer sentir culpable a ningún padre, si se propinó durante la infracción o inmediatamente después. Lo que se debe evitar a toda costa es que se vuelva costumbre o se haga indiscriminada o extemporáneamente. Nunca se deben emplear objetos para golpear ni hacerlo cuando se está enojado, porque se corre el riesgo de tomar al niño como blanco para desquitarse.

— *En la Biblia se habla del uso de la vara...*

— Sabemos que la Biblia no se puede entender literalmente. Que Jesús siempre predicó el amor, por lo tanto no es creíble que recomendara una vara como objeto para ocasionar dolor, además de que habló mediante parábolas en las cuales se valió de los pastores, quienes emplean la vara para guiar a sus ovejas, y no como un instrumento para castigarlas.

— *Claro, es obvio que Cristo no podría recomendar una vara para provocar dolor como castigo. ¿Y respecto a mandarlos a un armario, a su cuarto o a un rincón?*

—A un armario no, porque es posible que origine problemas más serios, como la claustrofobia, por lo que de ninguna manera se debe hacer. En mi opinión, mandarlos a su recámara, donde generalmente tienen juguetes con qué entretenerse, para algunos puede significar un premio, y mandarlos a un rincón por un lapso más o menos largo no es formativo y, si consideran injusto el castigo, se les da el tiempo y la oportunidad para crear rencores.

—*También he leído que después de propinar un correctivo se les debe abrazar y decirles lo mucho que se les quiere.*

—Existen autores que así lo recomiendan, pero más bien estoy de acuerdo con quienes se oponen a esta práctica, porque al asociar el dolor del castigo al placer de ser consolado se corre el grave riesgo de propiciar el sadismo.

Los "descansos" o "tiempos fuera"

—*Entonces, ¿cuáles son las mejores maneras para disciplinar a nuestros hijos?*

—Se han venido recomendando, entre otras, dos excelentes opciones para disciplinar sin necesidad de recurrir a los castigos: "el tiempo fuera" o "descanso" y "el contrato". Para llevar a la práctica el "descanso", como le llamaremos de aquí en adelante, se requiere que ni los padres ni los hijos lo entiendan como un castigo. Consiste en cinco minutos durante los cuales el niño se debe alejar de la acción o de la situación indebida, y tiene la ventaja de que se puede emplear desde que los niños tienen alrededor de tres años. "El contrato", por ser un compromiso más elaborado y firmado, se reserva para niños un poco mayores, que ya sepan leer. Como el "descanso", se utiliza para impedir la continuidad de una mala acción, y el "contrato" se emplea principalmente para estimular las buenas acciones, no existe razón que impida utilizar ambos métodos de manera alterna o simultánea.

— *Por lo que imagino, el descanso puede ser algo así como contar hasta diez cuando se está a punto de estallar.*

— Mejor aún, ya que "contar hasta diez" sólo sirve para tranquilizar a la persona que los cuenta. En cambio, el "descanso" tiene la ventaja de servir para que se deje de hacer la acción indebida, y tanto el padre como el hijo tengan tiempo para recapacitar.

— *¿Podría dar algunos ejemplos de su funcionamiento?*

— Desde luego. Supongamos que Pepe, de cuatro años, pretende quitar a Rita, de seis, su cochecito. Ella lo había colocado en la cochera de su casa de muñecas y han llegado a las manos, al grado de que mamá se ve obligada a recurrir a toda su autoridad y a su mayor fuerza para separarlos. Entonces les dice: "En este momento no quiero escuchar razones, ni acusaciones. Los tres vamos a tomar cinco minutos de *descanso* y después hablaremos", y se mantiene firme en su actitud sin hacer caso de protestas. Cada uno se retira a un lugar separado y, como no están castigados, no importa el empleo que le den a ese tiempo. Después, todos tranquilos, podrán exponer sus puntos de vista y entender razones, lo mismo que llegar a un arreglo.

— *¿Y si se trata de niños de menor edad?*

— Pongamos otro ejemplo. Joaquín, de dos años y medio, exige unos chocolates faltando una hora para su comida principal y, como se los niegan, enfurecido se tira al suelo en un gran berrinche. Entonces mamá lo sujeta para ser escuchada y le dice: "Necesitamos un *descanso.*" Como no lo debe sentir como un castigo, si Joaquín no coopera. mamá es quien se retira sin utilizar ninguna clase de violencia. Se asegura de no dejar nada pendiente y toma una revista para enfrascarse en su lectura dentro del cuarto de baño sin que le importen las protestas de Joaquín. Una vez que se ha tranquilizado, mamá también tranquila, volverá a sus actividades y le explicará la causa de su negativa.

— *Me parece demasiado bueno para ser verdad. ¿Efectivamente se obtienen tan buenos resultados?*

— Excelentes, y son más rápidos y más efectivos mientras menor sea la edad en que se pongan en práctica. No es raro que un niño educado en este sistema, cuando se percata de que está haciendo algo indebido, al ver aproximarse a alguno de sus padres le diga *"sí, ya sé, necesito un descanso"* y que, sin que se le pida, se retire a tomarlo.

Los "contratos"

–¿Y qué me dice de los "contratos"?

– Son instrumentos de mucha utilidad. Se establecen entre el hijo y el padre con una copia para cada uno, y deben estar firmados. En el contrato se deben estipular con toda claridad –con el objeto de evitar malos entendidos y posteriores reclamaciones–, las obligaciones de cada uno de los contrayentes. Por ejemplo: mamá está harta de que Laura, de ocho años, tenga su recámara en constante desorden a pesar de repetidas amonestaciones. Por su parte, Laura está exigiendo que le compren una nueva muñeca. Entonces mamá le pregunta qué le parecería ganársela.

–¿Qué tengo que hacer para ganármela?

–Muy fácil, vas a mantener tu recámara siempre ordenada durante cuatro semanas. Con un solo día que falles dejarás de tener la muñeca.

–No, cuatro semanas es mucho tiempo. Cómpramela ahora y te prometo tener arreglada mi recámara durante dos semanas.

–Acepto que sean las dos semanas, pero todavía no la compraremos. Cada día que cumplas con tu compromiso pondré en una caja la decimocuarta parte del valor de la muñeca, pero recuerda, si fallas un solo día, pierdes lo que hayas ganado.

–Bueno, me parece justo.

–A mí también, y para que no se nos olvide, firmemos este contrato:

"A partir de mañana, 14 de enero, me comprometo a comprarle a Laurita la muñeca de N$———, a condición de que guarde diariamente sus juguetes, su ropa y sus útiles escolares en sus lugares respectivos cuando no los esté utilizando. Cada día pondremos en una caja la decimocuarta parte del valor de la muñeca, pero en caso de que falle en su compromiso, aunque sea por un día, perderá todo lo que se haya acumulado."

Mamá	Laura

—Nótese que no se pospone el premio hasta el total cumplimiento del contrato con el objeto de que pueda constatar, día tras día, el fruto de su esfuerzo. Que no se usan términos imprecisos como "mantener arreglada su recámara", y que no se contrata en términos negativos como "no dejar afuera los juguetes" o "no dejar la ropa por todas partes".

— *¡Excelente!, pero... una vez obtenida su muñeca, puede dejar de mantener su recámara ordenada con la finalidad de sacar provecho.*

— Mamá va a tener dos semanas completitas para elogiar a Laura por su nueva actitud al mismo tiempo que recalcar las ventajas de no perder tiempo en buscar, porque todo está en su lugar cuando lo necesita, de que no se arruguen sus vestidos y de no tropezar o destruir lo que antes dejaba en el suelo. Hasta podrá hacer que se sienta orgullosa de su empeño

mostrando en su presencia su recámara a las amistades, evitando decir, para no avergonzarla, cómo estaba antes del pacto.

Las recompensas

— Se ha hablado mucho sobre la efectividad de las recompensas, pero hay quienes no están muy de acuerdo con ellas.

— Los adelantos importantes que los niños van teniendo en su comportamiento se pueden alentar mediante recompensas que estimulen su repetición. Por ejemplo, se les premiará si ayudan en alguna labor doméstica, y una vez que hayan hecho conciencia de que por esa razón mamá puede disfrutar de un descanso o dedicar el tiempo ahorrado en hacer cosas que los beneficien a ellos, se suprime el premio.

— ¿Qué tipo de recompensas suelen ser las más recomendables?

— En primer término, las manifestaciones de aceptación y de amor. Después, las concesiones (acostarse más tarde, ver algún programa de televisión, que se les lea otro cuento), luego los juguetes y por último, y sólo bajo condiciones especiales, alguna golosina.

— Pero algunos están en contra de las recompensas por el temor que después se nieguen a realizar algo si no está de por medio una promesa de recompensa.

— Por eso se dejan los juguetes y las golosinas en última instancia. En caso de ser exigidos, los padres se mantendrán firmes en que es su privilegio otorgarlos, y lo harán nada más cuando ellos lo decidan.

— ¿Y qué opinión tiene acerca de los sermones, de las amenazas o de las restricciones en cuanto a disfrutar de juegos o paseos con los amigos o de ver algún programa televisado?

— Respecto a los **sermones** conviene tener presente que dan mejores resultados cuando el sermoneador y el sermoneado están tranquilos. En cuanto a las **amenazas**, hacerlas nada más cuando se esté seguro de cumplirlas, y en cuanto a las **restricciones** debe existir concordancia entre el castigo y la importancia de la falta. Creo que si los padres se dan el tiempo necesario para pensar, estas acciones pueden ser de utilidad.

¿QUIÉN FUE?

— *A propósito de las medidas disciplinarias justas, recuerdo que nosotros, que fuimos cinco hermanos, no pocas veces negamos nuestra culpa o mentimos para evitar los castigos, lo que daba por resultado que pagaran justos por pecadores.*

— Es de lo más frecuente que esto suceda tanto en los hogares como en las escuelas, pero se puede evitar si, después de un acto reprobable en el que hay dos o más posibles autores, no se pregunta "¿quién fue?".

– *Entonces, ¿cómo saber quién es el culpable y cómo evitar que reincida?*

– Si lo pensamos bien, lo que en realidad se quiere no es tanto saber quién lo hizo, sino evitar que reincida o se pierda la disciplina. Y para lograrlo no es necesario saber quién fue. Basta con decir: "no quiero saber quién lo hizo ni por qué. Es una acción que no se debe repetir por tales razones (se explican). ¿Qué creen ustedes que se debe hacer para evitar que esto vuelva a suceder? Y en el caso de que se repitiera, ¿qué medidas disciplinarias todos estaremos de acuerdo en aplicar?"

– *¿Y por qué no averiguar quién fue el culpable?*

– Por muchas razones. Primero vamos a ver qué sucede con el *culpable*. Si lo reconoce y se le castiga, en la siguiente falta mentirá para evitar el castigo, y si no se le castiga, no le importará volverla a cometer. Ahora que, si miente y se le cree, se fomentará que continúe mintiendo, y si no se le cree, se le puede castigar doble, por la falta y por haber mentido. Ahora veamos qué pasa con el *inocente*: si se le cree, y sabe quién lo hizo pero no lo dice, será cómplice y, si lo dice, será un delator. Y si no se le cree, sentirá que se comete con él una injusticia, o dos, si es que además se le castiga.

– *Tiene toda la razón. En resumidas cuentas, al preguntar quién lo hizo nadie gana y todos pierden. ¿Y si se sabe quién es el autor de un acto reprobable y se considera necesario aplicar una medida disciplinaria?*

– **Con el castigo debe quedar cerrado el caso. El niño debe tener la seguridad de que así pagó su culpa y se le**

sigue queriendo igual. Por ningún motivo los padres se deben mostrar rencorosos ni prolongar el mal humor que les provocó la mala acción. De otra manera el niño se seguiría sintiendo culpable, además de que se vería obligado a mentir para no volver a pasar por otra experiencia igual.

Cómo estimular la autoestima

– Se dice que para poder establecer buenas relaciones con los demás y para la propia salud emocional, es indispensable amarse a sí mismo. ¿Qué podemos hacer para estimularlo en nuestros hijos?

– En realidad, muchos padres no han hecho conciencia de que ellos tampoco se aman a sí mismos y por lo tanto tampoco saben alentar este tipo de amor en sus hijos. Por otra parte, es bastante común creer que amarse a sí mismos equivale a ser orgullosos, soberbios y vanidosos.

– Sí, hasta hace unos cuantos años comencé a darme cuenta del poco amor que sentía por mí mismo. Y también creía que amarse era vanidad. ¿Qué medidas se pueden tomar para que nuestros hijos lleguen a amarse a sí mismos sin merecer esos calificativos?

– Quienes se hacen acreedores a ellos lo deben precisamente a que no han aprendido a amarse, lo que trae como consecuencia que tampoco crean merecer el amor de los demás. Por eso se ven en la necesidad de hablar elogiosamente de sí mismos, y tal vez de expresarse mal de otros para hacer notar sus propios méritos. De esta manera pretenden compensar esta falta de amor con actitudes que les permitan creerse valiosos al mismo tiempo que convencer a los demás de que lo son.

— *Entonces, si logramos ayudar a nuestros hijos para que tengan la seguridad de que realmente valen, ¿no tendrán necesidad ni les interesará convencer a otros de que lo son?*

— Absolutamente. Además, los niños que crecen seguros de su propia valía no harán caso de apodos ni serán lastimados por medio de burlas. Tampoco aceptarán ni tendrán necesidad de cambiar su manera de ser con el objeto de ser aceptados por sus compañeros o por algún grupo de amigos. Habrán aprendido a estar a gusto de ser como son, y la seguridad que de esto se derive les valdrá la aceptación de quienes los traten.

— *Y al llegar a los 12 o 13 años muy probablemente no aceptarán fumar, probar drogas o iniciar su vida sexual para parecerse a sus amigos.*

– Por supuesto que no, y si lo llegan a hacer será por otros motivos, pero no les será fácil renunciar al respeto de saberse dignos.

– *Y aceptados, y amados.*

– Desde luego. Y volvemos a lo que tanto se ha repetido: nadie puede dar lo que no tiene. Por eso quienes son rechazados o no se sienten amados, no tienen amor que dar, empezando por el que se deben dar a sí mismos. Ésa es una de las razones por las que cada vez se insiste más en que a los hijos, desde que nacen, no se les escatime ninguna demostración de amor. Es necesario acariciarlos, besarlos y hablarles cariñosamente y, siempre, darles a entender que son lo más maravilloso del mundo.

– *Para lo cual es necesario que sus padres eviten hacer comparaciones, porque nadie puede tener hijos perfectos.*

– Claro. Desafortunadamente en lo más íntimo de muchos hogares es donde se crean las primeras dificultades para desarrollar la autoestima. Por ejemplo, si los padres consideran que exigir más a sus hijos los estimula para que se esfuercen en ser mejores, les hacen creer que sus esfuerzos no son valiosos, dando por resultado que se angustien de no lograr satisfacer sus exigencias.

– *Creo que culpar, avergonzar y a veces hasta humillar a un hijo con la finalidad de que le sirva de lección también es muy frecuente, a pesar de todo lo que tiene de negativo.*

– Estoy completamente de acuerdo, y casi pudiera afirmarse que para muchos padres es un hábito tan arraigado que ni siquiera se percatan de lo que están haciendo. "Por tu culpa...", "nunca pones cuidado...", "debería darte vergüenza...", "a ver si te fijas...", "¡cómo se te pudo ocurrir...!" Y lo peor es que lo llegan a hacer frente a otras personas, incluyendo los amigos del afectado.

– *Lo comprendo muy bien. Estas frases las he oído tanto... y hasta debo admitir que también las he dicho. ¿Cómo puede quererse a sí mismo un niño que las escucha con frecuencia?*

– Sencillamente no puede. Por otro lado, también hay que tener presente que día con día los niños van adquiriendo y perfeccionando nuevas habilidades, y a veces, por no haber alcanzado suficiente control muscular, es natural que derramen líquidos o destruyan objetos por carecer de la experiencia para saber que se podían romper, lo mismo que por contar con ese utilísimo, aunque con frecuencia incomprendido impulso de experimentar y de correr riesgos. Pero si derraman o rompen algo, un padre contrariado es difícil que se pueda ahorrar esta expresión: "Tonto, ¿qué no piensas?" Amarse a sí mismo es esencial para poder amar, y Cristo hizo énfasis al ordenar **amarás a tu prójimo como a ti mismo.** La capacidad de amar hacia afuera está íntimamente ligada a la de amar hacia adentro.

– *Y por lo tanto, quien no se ama a sí mismo tendrá serios problemas para relacionarse con otras personas, y fracasará en tantos trabajos y en tantas profesiones que requieren de espíritu de servicio. ¿Los elogios ayudan a que los hijos se amen a sí mismos?*

– Si los adultos necesitamos que se nos reconozcan méritos, los niños con mayor razón. Cada vez que se vence un obstáculo, cada vez que se realiza un progreso, nada mal se siente escuchar un reconocimiento al esfuerzo, porque además de que incrementa la propia estimación, estimula el deseo de repetirlo y de ser mejor para disfrutar de nuevos reconocimientos. Es una forma de estimular la búsqueda de otras metas.

– *¿Y no puede darse el caso de que lleguen a depender de las ala-*

banzas? He leído que algunos artistas sufren graves depresiones cuando no los recompensan con los aplausos que creen merecer.

– Eso sólo es posible en las personas que no se aman y por lo tanto no llegan a tener la seguridad de haberlo hecho bien. **El mejor elogio es el que proviene de uno mismo, y sólo lo creemos si nos amamos.**

– *¿No existe la posibilidad de que los elogios promuevan la autocomplacencia y conduzcan a un resultado opuesto?*

– Es poco probable, pero la manera más lógica y más fácil de evitarlo es *elogiando el esfuerzo realizado, y no el resultado obtenido*. No es lo mismo elogiar diciendo: "te felicito por haber logrado la mejor calificación en tu examen final" o "por estar entre los primeros de tu clase" (logros obtenidos), que: "te felicito por **haber estudiado tan bien**" o "por **todo lo que has aprendido**" (esfuerzos realizados). En este ejemplo, este tipo de alabanza, mucho más positiva, evitará regodearse en lo realizado porque estimulará el estudio, así como el gusto por el aprendizaje, y no la distinción de que fue objeto.

– *A muchas personas les es difícil saber cuándo alabar...*

– Bastaría con acostumbrarse a pensar en la utilidad del elogio y estar alerta para otorgarlo, **en lugar de estar al pendiente de lo que está mal hecho.** Recordemos que si mostramos un primoroso pañuelo bordado con una manchita, al preguntar lo que observan seguramente harán caso omiso de la belleza del pañuelo, pero en cambio mencionarán la mancha. Los dibujos de un niño es probable que carezcan de perspectiva y que las formas no estén ajustadas a la realidad, pero a cambio pueden tener un vivo colorido. Elogiar este mérito lo pondrá feliz y lo estimulará, pero si lo criticamos porque no hay proporción en los tamaños de las figuras...

– Lo desalentamos. Tiene toda la razón. Por otra parte, yo he sentido que algunos elogios suenan falsos...

– No cualquier tipo de elogio es bueno. **Además de oportuna, la alabanza tiene que ser merecida y sincera.** Imaginemos que Raúl, de siete años, ansía jugar con sus amigos. Por lo tanto, hace su tarea escolar de prisa y con descuido. Entonces se ve obligado a mostrar su trabajo a una visita, la cual se deshace en elogios. Esto dará por resultado que Raúl pueda pensar, consciente de lo mal hecha que quedó, que se le considera un tarado incapaz de hacer mejores cosas, que tal vez la visita miente o que se burla, o que no tiene necesidad de esforzarse para merecer aplausos.

– Y otros elogios pueden ser sarcásticos...

– Es cierto. También se pueden utilizar de manera destructiva: Raquel, de once años, no está haciendo otra cosa que escuchar su música preferida cuando su madre le solicita, en dos ocasiones –sin resultado–, que le lleve un vaso de agua para tomar una medicina. A la tercera vez, molesta, Raquel se levanta para traerlo, por lo cual recibe elogios "por su prontitud y su buen modo". Con esto, además del deseo de avergonzarla, se le enseña una manera de ser que le puede acarrear serios problemas de relación.

– ¿Y qué importancia tienen las críticas?

– Aun las llamadas críticas constructivas no facilitan la autoestima. "Está muy bien, pero así estaría mejor", es un comentario que probablemente ayude a un niño a aprender, pero siempre le quedará la idea de que no hace bien las cosas. En todo caso, si se sustituye por: "¿qué pasaría si en lugar de...?", o "¿qué hubiera pasado si...?", se facilita la apertura de otros horizontes que no sólo le brindarán la oportunidad de encontrar nuevas soluciones, sino que le permitirán amarse al saberse más capaz.

— Las críticas suelen ocasionar sentimientos de culpa. ¿Cómo se podrían evitar cuando han hecho algo criticable?

— Si ofendieron, hacerles comprender el hecho y enseñarles a disculparse; si cometieron un error, a enmendarlo; si rayaron una pared, a lavarla, lo mismo que a reparar lo que rompieron y limpiar lo que ensuciaron.

A PROPÓSITO DE COMPETIR

— Ayer platiqué con un grupo de padres de familia y se estableció polémica por la rivalidad que se había creado entre algunos alumnos por estar en los primeros lugares. Uno de los papás insistió en que competir por ese motivo no era deseable. ¿Usted qué opina?

– Estimular este tipo de competitividad limita a los hijos a luchar por ser mejores que otros y les impide tomar en consideración mejores metas. Con el tiempo podrán olvidar el nombre del compañero a quien superaron, pero si no fue así, quizás recordarán por más tiempo su frustración. En cambio, quienes estudiaron por el gusto de aprender y de estar mejor enterados, sin preocuparse de vencer a otro, habrán adquirido mayor número de conocimientos, más difíciles de olvidar, y por haber estado libres de angustias, también habrán disfrutado más.

– *Sin embargo, se afirma que cada día el mercado de trabajo está más competido, que los ascensos se pelean hasta con zancadillas y que a los niños se les debe estimular para competir.*

– Competir por un trabajo –sin zancadillas– es válido después de la etapa escolar. Durante la época formativa es preferible estimular el gusto por el conocimiento.

– *En el hogar, desde que los hijos son pequeños se suele estimular el espíritu competitivo entre los propios hermanos y entre sus amiguitos: "Lulú ya va a terminar la sopa, no dejes que te gane", y en la escuela los maestros son los primeros en estimular las competencias entre alumnos para obtener los primeros lugares. Es difícil sustraer a nuestros hijos de esas influencias.*

– Porque hay padres que quisieran tener los hijos más hermosos, fuertes, sanos y triunfadores del mundo, o por lo menos con alguna de esas cualidades. Ellos mismos compiten con parientes, amistades o vecinos, y si no pueden tener mejor casa o automóvil, se complacen con tener un hijo con el primer lugar de su escuela. Pero esto sólo conduce a la ansiedad y al sufrimiento de los hijos.

– *Si esta manera de pensar se trasladara a las competiciones deportivas sería muy diferente.*

– No necesariamente. Si el deporte se aprende y se practica con la finalidad de mantener el cuerpo en buenas condiciones de salud, convivir y estar contentos regirán los conceptos antes expuestos, ya que bromearán y se reirán de una competición de velocidad o un juego de tenis que perdieron, pero que también disfrutaron. Ahora que, si se tienen las habilidades y existe el deseo de practicarlo como profesión o como un medio para conseguir otros objetivos, estimular el espíritu de competición sería más adecuado.

Cómo estimular su confianza en sí mismos

— Creo que los niños que han aprendido a amarse han dado el primer paso para confiar en sí mismos. ¿De qué otras maneras se puede estimular esta confianza?

— Para empezar, nadie debería hacer por un niño lo que él esté en capacidad de hacer. Del mismo modo que le es más fácil a un pequeño que intenta algo difícil decir: "no puedo", a muchos padres de familia les resulta más cómodo hacer lo que el niño *dijo* que no podía, que buscar el tiempo y la paciencia necesarios para enseñarle y demostrarle que *sí puede*. Cuando otro hace lo que el niño debiera hacer, le confirma la idea de su impotencia y le hace sentir que los demás son mejores que él, sin contar con que le dan la oportunidad de supeditarse o de manipular a quienes coloca "a su servicio".

— También he visto que algunos padres exigen a sus hijos que hagan o dejen de hacer algo de lo que todavía no son capaces; por ejemplo, que tengan un comportamiento propio de niños mayores cuando apenas empiezan a aprender a caminar o dejen de chuparse los dedos a los dos años de edad.

— Creo que todos hemos sido testigos de cosas por el estilo. Así como no se debe hacer por un niño lo que él ya puede realizar, nadie debería pedir a un niño que haga lo que todavía no es capaz. Del mismo modo que los bebés a

los tres meses no saben esperar a que les calienten la mami-
la cuando lloran por hambre y al año de edad no pueden
mantenerse secos hasta que los sienten en la bacinica, a los
tres o cuatro años –inquietos por naturaleza– tampoco se
pueden quedar tranquilamente sentados en un restaurante
en espera de que les sirvan. Es necesario ser congruentes
con lo que se espera de ellos en relación con su edad y sus
habilidades, porque de otro modo, al exigirles lo que aún
no son capaces de realizar, se favorece que desconfíen de sí
mismos.

– *¿De qué otras maneras algunos papás contribuyen a que sus
hijos no adquieran este tipo de confianza?*

– A veces se pretende que un niño de cinco años se mues-
tre bien educado cuando es propio de su edad interrumpir
para hacerse notar. Si éste es el caso, podrá escuchar: "Los
niños no se deben meter en las conversaciones de los mayores", frase que no es la ideal para que un hijo se comporte
socialmente bien, pero sí para cohibirlo y para disminuir la
imagen que tiene de sí. Escuchar con atención a los niños,
aunque interrumpan una plática de adultos, aunque digan
cosas insulsas, fortalecerá su autoestima. Con posterioridad,
se les explicarán las razones que obligan a esperar el momento oportuno para intervenir en una conversación y la manera de hacerlo.

– *Sólo que a veces llegan a cansar sus repetidas intromisiones.*

– Supongamos que Eduardo, de seis años, disfruta de
una fiestecita familiar y en la sobremesa se comentan anéc-
dotas, se recuerdan hechos graciosos y se dicen
chascarrillos. Sin pensarlo mucho, Eduardo decide ser el
centro de atención del grupo y empieza a pedir que lo
escuchen hasta que lo consigue. Dice algo que pretende ser
un chascarrillo y, al dar su intervención por terminada,

espera risas de los presentes, pero sólo escucha silencio y ve caras que muestran extrañeza. Se congela la sonrisa que iluminaba su rostro. No produjo la hilaridad deseada y espera...

Posibilidades:

–Que alguien, condescendiente y con sentido del humor, se ría y contagie su risa a otros.

Resultado: Se produjo el éxito que buscaba. Es un buen paso para no temer a la crítica y para hablar frente a un público.

–Que se rían *con él*, manifestándole su apoyo, y comenten sin burla alguna lo gracioso que resultó que no hubiera sabido contar su cuento y lo simpático que se vio con la cara que puso.

Resultado:

–Doble éxito, porque también le ayudará a no temer a la crítica, al mismo tiempo que aprende a reír de sí mismo y a no tomarse demasiado en serio.

–Que lo critiquen, que se burlen o que se rían *de él*.
–Resultado:

Fracasó y se avergüenza. Es probable que no le queden ganas de volver a pasar por lo mismo. De repetirse esas experiencias, optará por quedarse callado en las reuniones y muy probablemente empiece a temer hablar en público.

– Explicado en esta forma queda muy clara la facilidad con que se pueda destruir o alentar la confianza en sí mismo. Creo que el mundo está lleno de gente competente que no triunfa, no tanto por falta de capacidad, sino porque no confían en sí mismos.

Cómo estimular su honestidad

— Yo creo que la inmensa mayoría de los padres tememos que nuestros hijos lleguen a adquirir afición por robar, por mentir, en fin, por hacer cosas fuera del orden establecido. ¿A qué edad y de qué manera los niños se hacen conscientes de lo bueno y de lo malo?

— En los bebés lo bueno y lo malo está limitado a aquello que les produce o les deja de producir placer. Posteriormente, al iniciarse el conocimiento del NO, los niños empezarán a distinguir entre lo que se les permite y lo que se les prohíbe, así como que hay acciones que se les premian, en tanto que otras los hacen acreedores a un regaño o un castigo. De esta manera, aun sin poseer todavía una conciencia que les reprenda por su mala conducta, van aprendiendo a controlarse, hecho de suma importancia porque forma parte de los cimientos de su moralidad. Es alrededor de los cuatro años cuando ya están en capacidad de distinguir las acciones aceptables de las reprobables, por ejemplo, que deben respetar y obedecer a sus padres, que no es bueno lastimar a los demás y que no deben apoderarse de las cosas ajenas.

— Si a los cuatro años todavía están sentando las bases de su moralidad, quiere decir que apenas están en proceso de ser responsables de sus acciones. ¿Entonces, a qué edad se considera que han asimilado suficientemente estos conocimientos?

–Este proceso se tarda en consolidar aproximadamente dos años, durante los cuales continuarán de manera paulatina su periodo de aprendizaje, que debe ser firme. Será hasta los seis años de edad cuando quede establecido, aunque no les sea muy clara la razón de muchas reglas.

— *Por lo tanto, hasta los seis años de edad se puede hablar de la moralidad o inmoralidad de los niños.*

— Tampoco, porque la moralidad requiere del conocimiento de las reglas que deben normar la libre voluntad del ser humano y de su conducta, y aún no han adquirido esa capacidad. Sin embargo, ya su conciencia les avisa cuando han cometido una acción reprobable.

— *Seguramente por esta causa se considera que es el momento indicado para enseñar los principios de la religión y, en los católicos, hacer la primera comunión.*

— Así es. Sin embargo, no hay que olvidar que debido a que los niños por naturaleza son impulsivos, estarán en constante conflicto con las normas que se les tratan de imponer. Además, todos los niños tienen momentos de mal comportamiento, lo mismo para llamar la atención de sus padres o para escapar a las presiones que les significa tener que obedecer, que para probar la fuerza de sus propias armas. Por lo tanto, van a necesitar de toda su infancia, prácticamente hasta llegar a los 10 o 12 años de edad, para adquirir las convicciones que les permitan tener una conducta íntegra.

— *Pero la integridad no significa lo mismo para todos los niños.*

— Desde luego, porque estará en concordancia con lo que se les haya enseñado. Por lo tanto, su conducta moral será en esencia la misma que hayan copiado de sus padres, aunque más o menos modificada por las experiencias de su ambiente.

— *Por lo tanto, los padres no pueden exigir a sus hijos, en cuanto a integridad, que sean mejores que ellos.*

— Precisamente. ¿Cómo se le puede pedir a un hijo que no mienta, si su madre le pide decir que no está cuando preguntan por ella, o que sea honrado si le consta que sus padres aceptan cometer pequeños hurtos o tomar ventaja de otras personas? ¿Cómo exigir honestidad si la madre solicita un justificante médico para el niño que no fue a la escuela sólo porque se le hizo tarde o tuvo otra cosa que hacer? La integridad se enseña básicamente con el ejemplo, igual que el altruismo, las buenas costumbres y las buenas maneras.

¡Nuevamente pienso en la responsabilidad de ser padres! Sin embargo, creo que el conocimiento de estos conceptos también influirá mucho para evitar el maltrato de los hijos.

– Sí, y es muy conveniente la participación de ambos padres porque se pueden ayudar mutuamente en el caso de que alguno fallara sin darse cuenta.

– Hace un momento mencionó que hasta cumplir 10 o 12 años logran asimilar las convicciones necesarias para tener una conducta íntegra, lo que me hace pensar que por fin llegaron a la edad de tener responsabilidad moral.

– Así es. Y también lograron adquirir los sentimientos de la justicia y del honor. Sin embargo, su responsabilidad sólo estará completa al llegar a la adolescencia, ya que para entonces habrán adquirido la capacidad de controlarse no obstante que nadie los observe, así como la de tener sentimientos de culpa si hacen algo indebido aunque nadie los haya visto.

– Ya se habló de la importancia del ejemplo como fundamental para la integridad de los hijos, pero en su opinión, aparte del ejemplo, ¿a qué aspecto de la educación se le debe dar mayor énfasis para obtener buenos logros en este renglón?

– No es nada más mi opinión. Es la de muchísimos pensadores. **Nuestra existencia solamente adquiere significado cuando sus más altos valores se orientan al beneficio de los demás,** lo cual se hace posible cuando se llega al pleno convencimiento de que **dar es mejor que recibir.** Porque solamente puede dar el que tiene. ¡Pobres, los que no tienen qué dar! Una vez que nuestros hijos han recibido y asimilado estas grandes verdades, y se aman a sí mismos, como no será posible que su amor se quede aprisionado dentro de ellos tendrá que desparramarse.

– *En pocas palabras, habrán alcanzado la capacidad de ser honestos, de ser íntegros.*

– Sí, sólo que para lograrlo, los niños están obligados a pasar por las etapas en que naturalmente van a ser egoístas, pero que superarán gracias a las enseñanzas y al ejemplo de sus padres. Deberán aprender qué es la paciencia y qué es el respeto, el que se deben a sí mismos y a los demás, y a alegrarse de lo que reciban sus compañeros y amigos sin sufrir ellos por no haber recibido nada. Y también a dedicar todo su empeño en terminar las empresas que puedan beneficiar a un tercero.

– *Hemos hablado esencialmente de la influencia de los padres en la integridad de los hijos, pero no debe olvidarse la que ejercerán los amigos y los maestros, y que tal vez no coincidan.*

– Cuando los padres han sembrado en sus hijos la semilla de la integridad y han sido ejemplo, cuando han fincado una sólida cimentación de mutua confianza con ellos y han logrado mantener una comunicación amigable, será muy difícil que otro tipo de influencias afecte a los hijos. Más aún, es muy probable que sean buscados por sus mismos amigos cuando tengan problemas de honestidad en busca de su opinión y ayuda. Respecto a los maestros, conviene recordar que son seres humanos y que pueden ser personas buenas y bien intencionadas, pero no todos. Es conveniente saber la opinión que ellos merecen de sus hijos y, si existen sospechas fundamentadas, sobre todo si hay acusaciones de los hijos hacia sus maestros, se deben investigar, para lo cual es bueno mantener una buena comunicación con las sociedades de padres de familia y con las autoridades escolares.

— *Yo creo firmemente que la enseñanza y la práctica de la religión son indispensables para facilitar la formación de la integridad.*

— Es indudable, y creo que es algo en que muchos estaremos de acuerdo. En los primeros años de su vida los niños van a oír hablar de Dios y tendrán curiosidad por saber más de él. Oirán decir que es nuestro Padre, y obviamente lo relacionarán con la imagen que tengan del suyo. De esta manera lo podrán considerar justo, protector y amigo o un juez severo, castigador y creador de culpa, dependiendo de las cualidades que hayan sentido en sus figuras de autoridad. Es otra de las razones por las que es tan importante que la madre y el padre cuiden de manera recíproca la imagen que sus hijos se formen de ellos.

— *¿A qué edad es conveniente empezar la instrucción religiosa de los hijos?*

— Con el ejemplo, siempre. De manera específica, muchos especialistas aconsejan iniciarla después de los cinco años.

– *He sabido que algunos padres se abstienen de proporcionar instrucción religiosa hasta que, según ellos, los niños estén en capacidad de decidir por ellos mismos si lo desean.*

– Equivaldría a no vacunarlos durante la época en que están más expuestos a graves enfermedades, o no enseñarlos a nadar, en espera de que estuvieran en edad de decidir si lo aceptaban. De la misma manera que asumen la responsabilidad de velar por su salud física y emocional, los padres están obligados a velar por su salud espiritual.

Cómo estimular su altruismo

– *Siento que la gente tiende a volverse insensible ante las necesidades ajenas. ¿De qué manera y desde qué edad es posible estimular el altruismo en nuestros hijos?*

– Difícilmente podrá fomentarse en los primeros dos o tres años de su vida porque a esa edad, el concepto de dar, de perder algo que se siente como propio, todavía no puede ser comprendido. Por otra parte, aun cuando el niño esté jugando en compañía de otros niños, no juega con ellos sino para sí, con sus juguetes y con los ajenos, y difícilmente admite compartir los suyos. Además, todos los niños al cumplir el primer año y aproximadamente hasta el tercero atraviesan –como dijimos al hablar del desarrollo–, por la etapa *negativista*, que los caracteriza por ser desobedientes, envidiosos, berrinchudos y obstinados, por lo que será muy difícil esperar resultados en este aspecto.

– *Los calificativos en esta etapa verdaderamente dejan mucho que desear para pensar en alentar su altruismo.*

– Así es, pero si los padres no son demasiado rígidos, es fácil observar cómo van superando esos modos transitorios de ser. Una vez cumplidos los tres años de edad ya se pueden alentar intencionadamente las acciones y las actitudes provenientes del amor desinteresado al prójimo, recordando que estará supeditado, más que nada, a la manera en que el niño vea actuar a las personas con quienes convive por el ejemplo y las enseñanzas que de ellas toma. Si ven que sus padres se conduelen de las carencias y de los sufrimientos ajenos y ayudan a remediarlos, recibirán mejor estímulo que con cualquier otra forma intencionada de instrucción. Y más todavía si involucran a sus hijos en la tarea pidiendo su cooperación y enseñándoles que no deben esperar que la gente necesitada pida ayuda.

— *Difícilmente podrán esperar hijos altruistas los padres que solamente velan por sus intereses, sobre todo los que no dan parte de su tiempo a sus hijos. Pero aparte del ejemplo, ¿de qué otra manera se puede influir para que los niños adquieran estos sentimientos humanitarios tan necesarios para la buena convivencia con nuestro prójimo?*

— Se menciona la "clasificación interna" como una herramienta de gran valor para ayudar a introducir en la mentalidad infantil la seguridad de que tienen cualidades

Marifer, sé altruista, dale tu muñeca.

positivas. Consiste en estar pendientes de aquellas acciones del niño que tengan un fondo altruista, con el objeto de hacer un comentario para darle la seguridad de que el hecho de haberlas realizado significa que *él es* caritativo, generoso, responsable y acomedido, útil a los demás.

— *Creo que debe ser una magnífica idea. ¿De qué manera se podría ejemplificar para comprenderla mejor?*

— Vamos a suponer que mamá está en apuros porque tiene ambas manos ocupadas con objetos frágiles a punto de caer y Pepito corre y la ayuda. Si ella le dijera "gracias por ayudarme", sólo agradecería la ayuda. Si exclamara: "¡qué bueno que me ayudaste a tiempo!", sólo elogiaría una buena acción. Pero si está enterada de la "clasificación interna", le dirá: "*Eres* una persona muy acomedida, sin tu ayuda..." De esta manera Pepito hará conciencia de que él es acomedido y se sentirá orgulloso y contento de seguirlo siendo.

— *Nunca se me hubiera ocurrido que una acción tan simple y cotidiana como ésa pudiera servir para estimular el altruismo. Me declaro abiertamente partidario de estas ideas.*

— Yo también, pero es importante no cometer errores. Por ejemplo, no hacer que el pequeño dé parte de su dinero a una persona necesitada con el objeto de decirle que es caritativo, porque lo único que hizo fue obedecer. Tampoco se debe mentir elogiando un acto altruista que no haya realizado, porque el padre que lo hiciera perdería credibilidad hasta para acciones que justificaran plenamente la clasificación interior. Así mismo, tampoco se debe forzar una acción altruista, por ejemplo, ayudar a una anciana a cruzar la calle afirmando que lo hará porque es de nobles sentimientos, puesto que sólo estará obedeciendo un mandato.

— *Creo que es muy importante hacer hincapié en que las ayudas deben ser desinteresadas.*

— ¡Claro! El que espera algo a cambio de lo que da, transforma el altruismo en simple comercio: te doy, pero a cambio tú me tienes que dar, aunque sea las gracias.

— *Al principio se refirió a no prestar atención a las habladurías. ¿Qué podríamos decir del daño que se puede ocasionar al comentar, y tal vez exagerar los errores ajenos?*

– Es una manera suave de referirse a una acción que por ser bastante común, se tolera y hasta se alienta sin tomar en consideración el alto grado de destructividad que encierra. Y qué bueno que hace ese comentario, porque da lugar a mencionar otro tipo de altruismo diferente del que venimos hablando. No solamente se debe inculcar no prestar oídos a las habladurías lo mismo que a callar y disimular los errores de los demás. También es necesario enseñar a reconocer abiertamente las cualidades y los méritos ajenos, haciéndoles notar lo bien que se van a sentir con estas conductas que automáticamente los convierte en personas en quienes se puede confiar.

Cómo estimular su laboriosidad

– *Hace unos días platiqué con unas madres que se quejaban de que algunos de sus hijos rehuían hacer todo lo que pareciera difícil o que les significara algún esfuerzo. ¿A qué se debe y cómo se puede estimular en ellos la laboriosidad?*

– Quizá no los estimularon adecuadamente o los desalentaron. Las dos cosas son importantes. Desde que son muy pequeños, cuando empiezan a interesarse por el mundo que los rodea, se debe favorecer y estimular su natural interés por explorar en lugar de frenarlo, enseñarle cómo abrir una cajita o un mueble para que vea lo que contiene, y mostrar satisfacción por cada acción realizada. Antes de cumplir los cinco años, los juguetes desarmables de plástico son de gran utilidad para perfeccionar sus destrezas y para aplicarse con gusto al trabajo. Además, tanto las niñas como los niños observarán la realización de las labores domésticas y la manera como se efectúan pequeñas reparaciones mecánicas o de electricidad y, a su modo, es decir interrumpiendo, estorbando y retrasando la terminación del trabajo, intentarán participar.

– *Me lo estoy imaginando. ¡Con qué facilidad muchos padres, ansiosos de terminar su labor, los envían a ver la TV o les piden que se vayan a jugar a otro lado!*

– Pero al retirarlos del área de trabajo matan su interés por trabajar y por colaborar. En cambio, si se les facilita un desarmador para que "ayuden" a terminar de retirar un tornillo, o si durante el baño de su hermanito les piden que cooperen en la tarea de enjabonarlo, entretenerlo o secarlo y reconocen su ayuda, favorecen su gusto por colaborar, sobre todo si les hacen notar lo cooperadores y lo trabajadores que son, y les dan las gracias.

– *Como lo que comentó de la "clasificación interna", no haciendo notar su ayuda, sino lo trabajadores que son. ¿Qué otros medios son útiles para fomentar la industriosidad desde que son pequeños?*

– Existen muchos juguetes para este fin, como esos que cuentan con figuras que deben embonar en cavidades de la misma forma, o las cajas de herramientas propias para niños y niñas de dos años. Las tuercas y los tornillos de plástico lo suficientemente grandes para evitar que se los traguen, tienen la ventaja de aumentar su destreza para cuando estén en capacidad de manejar objetos más pequeños.

– *Algunas personas investigan las posibles causas de la descompostura de un objeto doméstico para ver si lo pueden arreglar antes de descartarlo o mandarlo reparar. Yo creo que llamar a los hijos para enseñarlos a observar y a participar en su compostura, les ayudará en forma muy efectiva.*

– Indudablemente, sobre todo si disfrutan de la satisfacción del logro realizado. Y también hay que mencionar la tenacidad. Insistir en que no se den por vencidos antes de agotar todos los recursos que estén a su alcance.

– *¿De qué manera podemos ayudarles para que no desistan en su empeño a las primeras dificultades?*

– Se les deben fijar metas realistas que estén de acuerdo con su edad y con sus capacidades y cuidando de no exigir más, pero tampoco menos. Cuando estén a punto de abandonar un esfuerzo, volver a lo que ya dominan, y aumentar poco a poco la complejidad de su tarea. También es muy formativo ayudarles a comprender que es posible encontrar solución a muchos problemas si se dejan de observar en su conjunto. Que para iniciar una gran caminata por agotadora que parezca, bastará con dar el primer paso y después... perseverar.

— *Siempre pensé que había que estimular la tenacidad pero no creí que se necesitara hacerlo tempranamente.*

— Sí, porque entre los cinco y los diez años de edad, se concretará la laboriosidad en el modo de ser de los infantes. Y es necesario continuar manteniendo los estímulos, el apoyo y el reconocimiento a sus labores. Desde luego que esta misión no es exclusiva de sus padres puesto que también van a influir, entre otros, sus maestros, sus compañeros de escuela, sus hermanos mayores, sus tíos y los guías de grupos exploradores.

— *Algunos padres temen que descompongan las herramientas de su propiedad o se lastimen con ellas, y se las niegan.*

— Si van a utilizar instrumentos que representen un peligro real, alguno de los padres puede estar presente mientras aprenden. Es importante que tengan acceso a las herramientas y a los utensilios de trabajo del hogar, o que posean las propias, pero deberán conocer bien su funcionamiento, sus aplicaciones, sus peligros y cómo mantenerlas ordenadas y en buen estado. Y no olvidarse de pedirles que efectúen trabajos o reparaciones, sin dejar de reconocer su esfuerzo.

—*Si en lugar de recibir estímulos se les desalienta, ¿se favorece que sean flojos?*

– No precisamente. Al hablar sobre la quinta etapa del desarrollo mencionamos que el peligro de fallar en los intentos de ser laborioso, es el desarrollo de sentimientos de inferioridad. Por eso hay que luchar contra los "yo no puedo" o "yo no sirvo para eso".

Cómo estimular su creatividad

– *En cierta forma, ligada a la LABORIOSIDAD está la CRE-ATIVIDAD. ¿Cómo la podemos estimular en nuestros hijos?*

– Hay que favorecer su creatividad en todas las actividades. Todos sabemos de personas que han recibido muy buena instrucción, pero al llegar a la edad adulta –aun siendo buenos trabajadores– difícilmente progresan.

– *Eso me recuerda a los antiguos contadores de libros que se describían en cuentos y novelas, muy responsables y eficientes, pero sin posibilidades de ascender.*

– Y además conformistas. Pero los padres que quieren hijos innovadores y triunfadores en lo que elijan ser, capaces de descubrir nuevos métodos de trabajo, nuevos artículos de consumo, nuevos medicamentos, necesitarán hacer un esfuerzo adicional. Ser creativo es buscar lo inesperado haciendo a un lado la propia experiencia para ensayar nuevas soluciones. Y eso se aprende desde pequeños, **estimulando su natural espíritu creativo sin exigirles que se ajusten a lo establecido.**

– *Me parece que veo venir otra necesidad de cambio en los padres.*

– Sí, y no será fácil. Habrá que empezar por perder el miedo a que corran riesgos, y después facilitar que exploren, permitir que se enfrenten a lo desconocido alentándolos a incursionar en esos terrenos y no dejar de contestar a sus preguntas.

— No puedo menos que estar de acuerdo, pero en lo referente a contestar a sus preguntas, a veces llegan a molestar con sus innumerables: "¿y por qué?" ¿En realidad es necesario contestar a todo lo que preguntan?

— Alrededor de los tres años de edad, a los niños no siempre les interesan las respuestas porque no todas las preguntas conllevan la intención de saber; algunas son hechas con la finalidad de llamar la atención y los padres pronto aprenden a diferenciarlas y a ponerles fin con una frase de cariño. Pero cuando en realidad están interesados en tener una respuesta, es necesario contestarla, y en caso de que se ignore acudir *con ellos* a los libros.

— Claro, porque si se les manda a que investiguen por su cuenta, pensarán que es para librarse de ellos.

— Y pueden decidir no ir. De vez en cuando es útil devolver las preguntas para estimular su imaginación, por ejemplo: "¿Tú qué piensas de eso?" o "tú, ¿cómo lo resolverías?" Más aún, es muy deseable alentarlos para que sigan preguntando mediante frases como "me da mucho gusto que seas tan listo y que siempre estés interesado en saber más".

— Correcto, pero sus preguntas no siempre son inteligentes y no creo que se les deba estimular para que las sigan haciendo.

— Cuando discurran ideas que parezcan equivocadas, conviene recapacitar antes de considerar que lo son. Quizás ellos tengan la razón al ver las cosas desde un punto de vista diferente: desde el suyo propio. Quizás estén siendo creativos y los padres, por estar encerrados en lo tradicional, sean los equivocados. Precisamente ser creativo es ver las cosas de manera no convencional, pensar por sí mismo y aventurar por otros caminos. Todos nacemos con distinta capacidad creativa, lo malo es que a menudo se cohíbe o no se estimula.

— *Es un enfoque distinto que me parece muy importante. También pienso que en el ambiente actual no existe el deseo de despertar inquietudes creativas; he visto algunos programas en la televisión, muy escasos por cierto, que despiertan el interés por el conocimiento y la experimentación, pero muchos niños suelen preferir programas bobos y pasivos, o de violencia.*

— Por eso los padres necesitan conocer la programación y ver los que atraen a los hijos con juicio crítico, y comentarlos con ellos sin imponer los propios criterios con la finalidad de ayudarlos a elegir. De esta manera la televisión vendrá en su ayuda y sustituirá los programas "basura".

— *Se me ocurre que del mismo modo que algunas sociedades de padres de familia han obtenido fuerza suficiente para hacer valer sus derechos, podría intentarse una "sociedad de padres de familia calificadores de programas de televisión".*

–No es una idea descabellada. A las empresas y a los anunciantes les convendría tener programas avalados por padres de familia con buen criterio. Se dejarían de producir programas sin calidad y los principales beneficiados serían los hijos.

— *Volviendo al tema de la creatividad, me he percatado de lo fácil que es —en adultos y niños— caer en el desánimo y abandonar el trabajo antes de terminarlo.*

— Por eso es tan importante alentar en los niños la **perseverancia.** Que sus empresas no se queden a medias, y aunque no creo que sea bueno imponerlas, cuando les nazca el deseo de emprender alguna se les debe estimular para que la continúen con tenacidad, aun cuando *creamos* que fracasará. Debemos recordar que los éxitos jamás enseñarán como lo hacen los fracasos.

— *Es cierto que enseñan, pero también duelen y pueden llevar al temor de nuevos fracasos.*

— ¡Claro que pueden doler!, pero cuando los niños ya han asimilado el pensamiento de ser creativos difícilmente claudicarán. También es necesario enseñarles a ser honestos consigo mismos y que, al mismo tiempo que no teman volver a cometer errores, sean capaces de reconocer, sin temer una amonestación, que de haber querido hubieran podido dar un poco más.

Cómo desalentar los berrinches

– *Ayer presencié una escena que le voy a relatar porque me interesan mucho sus comentarios. Mientras esperaba turno para pagar en una panadería, un niño de tres o cuatro años de edad, tomó uno de los chocolates en exhibición para su venta. Al darse cuenta, su madre le arrebató el chocolate y lo regresó a su lugar. Entonces el niño, llorando furiosamente, respondió propinando a su madre patadas y golpes sin dejar de exigir el chocolate. Sin decir nada, ella le dio unas fuertes nalgadas. El niño se tiró en el suelo, y como no cesaba su rabieta y se negaba a caminar, optó por llevárselo cargado mientras el nene le continuaba pegando. Pude oír este comentario de una espectadora: "¡Qué niño!", correspondido por otra con un: "¡Qué mamá!"*

– Primero describiremos los berrinches para no confundirlos con el *espasmo del sollozo*. Después diremos a qué se deben y, por último, qué hacer con los hijos berrinchudos.

– *Excelente.*

– Bien. Los berrinches se inician alrededor del tercer cumpleaños, en tanto que el espasmo del sollozo se presenta mucho antes. Este último se caracteriza por **llanto** que se puede desencadenar por una caída, por hambre, por una frustración o por otra causa y, si bien no existen problemas para que expulsen el aire, sí los hay para que lo inhalen, por lo que se angustian aumentando así su necesidad de llorar, y como no lo consiguen, se pueden llegar a amoratar por un breve lapso.

— *Alguna vez presencié algo como lo que describe y fue muy impresionante. Me di cuenta de la angustia, no sólo del niño, sino de los presentes, quienes pedían que lo metieran en agua fría, que le soplaran su cara o le dieran unas nalgadas.*

— Cuando hubiera sido más lógico hacer precisamente lo contrario: cargarlo, acariciarlo y consolarlo. Porque ya tranquilo perdería el deseo de llorar y su respiración se normalizaría. Si estos espasmos se volvieran repetitivos, con posterioridad se consultaría al médico.

— *Tomo nota. ¿Y los berrinches?*

— No los produce el llanto —aunque puede estar presente—, ni se angustian por no poder respirar. Lo que desencadena los berrinches es una gran *furia* al no poder obtener lo que desean. Es una acción consciente y voluntaria de ira, durante la cual agreden a golpes, y si no se atreven o no pueden dárselos a una persona, se los propinan al suelo o a ellos mismos, con lo cual exigen el cumplimiento de sus demandas, que muchas veces no son otra cosa que el deseo de que se les preste atención.

— *Es tan diferente del espasmo del sollozo que a nadie se le ocurriría recomendar que a un berrinchudo en pleno acceso le soplaran en la cara, le dieran nalgadas o un baño de agua fría.*

— No esté tan seguro, porque durante los ataques, los niños berrinchudos son exasperantes. Por supuesto que sería un gran error. Los berrinches ocasionales se pueden considerar naturales y tienden a desaparecer rápidamente si los padres saben cómo conducirse. Son los intensos, los de larga duración, y los que se repiten con frecuencia, los que indican que las relaciones con sus padres no han sido las adecuadas.

—¿Quiere decir que los berrinches de los niños tienen que ver con la manera en que sus padres se han conducido con ellos?

— No es lo único que influye. Además del temperamento, recordemos que en las primeras etapas del desarrollo los niños adquieren el sentimiento de *confianza* como resultado de la atención inmediata a sus necesidades, y también la capacidad de *esperar*. Si los padres fueron rígidos con los horarios del bebé, si existió cierto grado de rechazo al niño o si no le manifestaron abiertamente su cariño, estas adquisiciones no se habrán desarrollado bien. Por otra parte, recordemos que los niños precisamente en esta edad están en plena *etapa negativista*, durante la cual son exigentes, impacientes, egoístas y obstinados. Por lo tanto, si unimos estas dos condiciones, tendremos...

— *Un niño berrinchudo.*

— Claro. Veamos ahora cuáles conductas de los padres hacen que los niños repitan sus rabietas. Vamos a suponer que un niño hace un berrinche con la finalidad de atraer la atención porque se siente abandonado, porque tiene la necesidad de saber que es amado o porque alguno de sus padres es demasiado indulgente y sobreprotector. Si consigue que se le haga caso *—aunque sea con un castigo—*, cada vez que necesite confirmar que efectivamente le importa a sus padres, lo volverá a hacer. Pero al concederle lo que exige de esa manera se le premia, y por lo tanto seguirá repitiendo esta acción indefinidamente.

— *Tiene toda la lógica del mundo, por lo tanto, si los berrinches se quieren prevenir, será necesario desarrollar en el niño sus sentimientos de confianza y su capacidad de esperar, tal como se mencionó al hablar de las primeras etapas del desarrollo. ¿Y qué sucede si no se hizo en su momento?*

– Puede bastar con rectificar las conductas para que de ahí en adelante le proporcionen al niño la seguridad y la confianza que necesita, pero sin irse al otro extremo. De no obtenerse resultados, se puede necesitar ayuda profesional.

– Y durante los berrinches, ¿cuál es la conducta que se debe seguir?

– Se puede resumir en una sola palabra: **ignorarlos.** No se les debe conceder lo que exigen con berrinches –aun cuando después se piense que fue una petición justa–, porque les estarán enseñando que es una manera válida de pedir. No se debe reñir ni sermonear porque en esos momentos no están en capacidad de entender. Y tampoco se les debe pegar, porque sería una manera sádica de darle a entender que sí es importante para sus padres.

– Tal vez la mamá que mencioné antes pensó en los mirones y creyó que un escarmiento al crío sería lo que se esperaba de ella, mientras que otra mamá quizás hubiera condescendido al sentirse apenada.

– El qué dirán o qué pensarán no debe importar. Protegerse de la agresión del niño procurando no lastimarlo, no hacer caso de gritos ni de pataleos, tener paciencia y, por ningún motivo, ceder. No existe otra solución. Después, cuando ya esté tranquilo, se podrá dialogar con él. También se procurará mejorar las relaciones paterno-filiales. En poco tiempo el niño llegará a comprender que existen otras maneras mucho mejores de obtener lo que pide, así como que hay muchas cosas que no conseguirá a pesar del berrinche más grande de que sea capaz.

Cómo desalentar la violencia

Qué hacer cuando los hijos son agredidos por otros niños

— *Los medios informativos y de diversión están tan saturados de violencia, que la hemos llegado a ver casi con naturalidad. ¿Cómo desalentarla en nuestros hijos sin que se encuentren desarmados en un mundo cada vez más violento?*

— Nadie nace violento. Se aprende a serlo, y lo más frecuente es que sea en el propio hogar. Lo peor de todo es que muchos padres no están genuinamente convencidos de querer desalentar la violencia en sus hijos.

— *Entiendo que nos hayamos acostumbrado a ver escenas violentas como las que aparecen en películas y programas de TV, pero ¿cómo se explica que no se la quiera desalentar en los hijos, sabiendo que el individuo violento está más expuesto a que se emplee en su contra?*

— Si durante su niñez los padres sufrieron vejaciones por parte de adultos o de otros niños de los que no pudieron defenderse, o si fueron timoratos, no querrán que sus hijos pasen por esas experiencias y los alentarán para que sean victimarios y no víctimas. Es fácil reconocer a los padres con este problema porque al comentar entre ellos o con otras personas los hechos violentos de sus hijos admitirán, hasta con cierta complacencia, lo terribles que son, aunque lo más probable es que no hagan nada efectivo para evitarlo.

LAS AGRESIONES EN LA ESCUELA

    – *Cuando el hijo llega de la escuela dolido porque otro niño lo lastimó con la finalidad de humillarlo o de robarle algo, le dicen que no sea marica, que se defienda y responda a los golpes con golpes. Hasta es posible que le peguen por haber permitido que lo agredieran.*

    – Con esa actitud le dan autorización, o le exigen, que ejerza la violencia. Pero se olvidan que **el niño, que tiene la capacidad de defenderse, lo hace sin que se lo pidan.** Y si no quiso o no pudo y se le habla de esta manera, además de sentirse rechazado por sus padres, se le puede conducir a que en lo sucesivo calle y soporte más actos violentos, con grave detrimento de su salud emocional. El niño en estas condiciones necesita ayuda, no exigencias ni regaños. Es necesario saber qué le impide defenderse.

    – *¿Cómo saberlo? ¿Preguntándole a él?*

    – Si se le pregunta de tal manera que sienta que se le quiere ayudar y no regañarlo, se puede obtener una respuesta veraz, aunque es probable que lo ignore debido a razones inconscientes.

    Ahora que cuando la rigidez de los padres ha sido tan grande que han sometido al hijo, le han quitado la oportunidad de hacer valer sus derechos. Por otra parte, no son los padres quienes deben decidir cuándo su hijo está en capacidad de defenderse, sino su propio proceso de maduración.

    – *Hay padres que los acusan de miedosos y maricones.*

    – Porque ellos mismos se sienten devaluados con la actitud de su hijo. Se olvidan que del mismo modo que el dolor avisa instantáneamente al más leve contacto con el fuego para impedir quemaduras profundas, el miedo alerta de posibles agresiones o peligros. En lugar de reprimirlo se debe enseñar a manejarlo.

— *Por ejemplo, a que "no cunda el pánico". Entonces, ¿qué es lo recomendable para ayudar a un niño que sufre las agresiones de otros niños? ¿De qué manera se puede defender sin recurrir a la violencia?*

— No es fácil dar recetas generales. Es necesario averiguar qué sucede en cada caso. El problema puede estar en que se trate de un niño inseguro y por lo mismo sea un blanco fácil para bromas y vejaciones, que a su vez se retroalimentan con las lágrimas del afectado. En el caso de ser solamente agresiones de palabra, el enfoque debe dirigirse al reforzamiento de la autoestima y de la confianza en sí mismo, con el objeto de evitar que se ofenda con facilidad, al mismo tiempo de convencerlo de que no tiene por qué hacer caso de bromas, sobrenombres o insultos, y mucho menos recompensar a los agresores con manifestaciones de temor o con llanto y sentimentalismos.

— *Eso está muy bien con respecto al hijo, pero en lo que se refiere a los agresores, ¿qué se debe hacer con ellos?*

— Lo más conveniente es que el ofendido se enfrente al agresor para decirle, con firmeza, que no tiene gracia lo que hace y no le gusta lo que dice. Es una actitud simple y valerosa, que suele dar muy buenos resultados. Por cierto, conviene que ensaye en familia esta manera de responder hasta lograr una entonación y una firmeza convincentes.

— *¿Y en el caso de que las bromas o las agresiones impliquen alguna forma de violencia?*

– Tampoco hay por qué responder de la misma manera en que se es agredido. La mayoría de las veces puede bastar con que diga, como en el caso anterior, en voz alta y con firmeza, que se le deje de molestar. Que no está dispuesto a permitir que se repita.

– Y si la hostilidad se manifiesta en forma de agresión física franca, ¿debe reportarlo a las autoridades escolares? ¿Conviene que los padres reclamen directamente al agresor o a sus padres?

– Como los niños solitarios son hostigados con más frecuencia que los amigueros, debe hacerse todo lo posible por ayudar a los hijos a tener el mayor número de amigos (lo ideal sería encontrar la manera de que entre ellos se incluyera al agresor). Por otra parte, aunque sabemos que los niños acusadores no siempre son bien vistos por sus compañeros, hablar con las autoridades de la escuela puede llegar a ser necesario, ya sea que lo haga el mismo

niño o sus papás. Esto siempre será preferible a acudir directamente con los padres del ofensor o con el ofensor mismo.

— *¿Son recomendables los cursos de defensa personal?*

— Creo que son convenientes porque refuerzan la capacidad de defenderse y ayudan a canalizar la agresión de una manera positiva, al mismo tiempo que evitan la sensación de impotencia, que de otra manera podría derivar en autoagresión o en autocompasión. Además, pueden ser un excelente deporte. Debe procurarse que sean eminentemente defensivos y los proporcionen personas honestas y bien calificadas, porque si reciben instrucción para agredir los pueden volver bravucones, sobre todo cuando no tienen bien cimentados sus principios de no violencia o son dominados por el rencor. Además, los niños peleoneros se pueden crear problemas si llegan a significar un reto, un obstáculo a vencer por parte de otros compañeros que gusten de pelear.

— *Un amigo me platicó que cuando tenía 15 años tomó clases de karate para poder enfrentarse a un compañero que constantemente lo agredía. Cuando creyó tener la suficiente habilidad para vencerlo lo retó, pero el otro, sin conocimientos de karate pero muy experimentado en las peleas callejeras, lo venció. Yo también estoy de acuerdo en que es un arma de dos filos. ¿Y qué hay de los padres demasiado estrictos en evitar la violencia?*

— En el otro extremo están los padres tan convencidos de no querer que sus hijos ejerzan la violencia, que si lo hacen, los llegan a castigar con dureza y hasta los golpean. Pero ésta es la mejor manera de enseñar a hacer lo que pretenden evitar. Además, cuando son incapaces de controlar su propia ira y se desahogan mediante acciones violentas o las utilizan como un medio para conseguir lo que quieren, refuerzan con el ejemplo ese tipo de conducta.

— *¿Cree usted que la televisión esté contribuyendo al incremento de la violencia en el mundo?*

— Existe polémica al respecto, y quienes lo niegan aducen que la violencia siempre ha existido y ponen como claro ejemplo de ello a los cuentos de hadas, de ogros, de Caperucita Roja y también a las Sagradas Escrituras. Estoy con quienes creen que las películas y la televisión influyen de manera importante porque muchos de sus programas insistentemente llevan el mensaje de tomar la violencia como una solución fácil de los problemas. Esto se observa en los dibujos animados, en las series policiacas, en las telenovelas, en las películas de horror y en las "de acción", pero lo peor son las enseñanzas que transmiten: si alguien golpeó, hay que golpearlo, y si es con saña, mejor. Si alguien mató, hay que matarlo, y para tal fin muestran los procedimientos con detalle, a veces plenos de sadismo. Pero lo peor es la manipulación de los argumentos para que el espectador anhele y aplauda las revanchas violentas.

— *Entre amigos y entre hermanos es muy frecuente escuchar amenazas de violencia. ¿Qué hacer para impedir que se concreten?*

— Conviene tener presente que *nadie puede ejercer dominio sobre la **aparición** de los pensamientos, ni los de violencia ni los de otra naturaleza.* Por lo tanto, encolerizarse y *pensar* en ejercer acción física en contra de alguien o destruir alguna de sus pertenencias, no es malo ni se debe castigar, y si un niño exterioriza esos sentimientos, utiliza una válvula de escape que posiblemente evite la acumulación de rencores.

— *Supongamos que una compañera de escuela estropea el trabajo escolar de su hija, con la que compite, haciéndolo parecer como un accidente. Al llegar a su casa relata los hechos y manifiesta su deseo de vengarse para lo cual ya tiene pensados dos planes, uno de los cuales incluye una acción violenta. Usted, ¿qué le diría?*

– Unas palabras que le hicieran sentir mi comprensión a su estado de ánimo al mismo tiempo que le sugirieran otro tipo de conducta, seguramente la ayudarían a aliviar su tensión y a encontrar mejores soluciones. Llevar a cabo cualquier tipo de venganza, especialmente si incluye alguna acción violenta, es lo que se debe desalentar.

– *¿Y qué se debe hacer cuando un niño ya está utilizando la violencia contra otro?*

– Imponerse. Inclusive la mayor fuerza del adulto se debe aprovechar para impedir que el niño emplee la violencia, sujetándolo si es preciso, pero no pegándole. Una vez tranquilo y en capacidad de escuchar razones, se platicará con él.

– *Es cierto, los adultos somos más fuertes que los niños, y también tenemos más conocimientos y más experiencia. ¿Por qué es tan frecuente golpear a los hijos antes de detenerse a pensar en otra solución más formativa?*

– Influyen muchos factores. Se dice con cierta razón que los padres que fueron golpeados serán padres golpeadores, pero no siempre es así. Por ejemplo, puede suceder que tanto el padre como la madre hayan ido acumulando rencores hacia su cónyuge, que en un momento dado pueden explotar en contra de los hijos. La pasión, sobre todo en personas impacientes, les impide darse tiempo para pensar en otras soluciones y hace que descarguen su furia en un inocente.

– *"No busco quién me la hizo, sino quién me la pague", es un viejo decir campirano, por demás injusto.*

– Sí, además de que para el que pega, el hijo representa la mitad suya y la mitad de su cónyuge y con esta acción castiga a una de las mitades, y de paso también al cónyuge o a sí mismo en la mitad que le corresponde. Los casos más brutales de agresión a los niños con el pretexto de corregirlos, se observan en algunos padrastros y madrastras, porque de esa manera no castigan a "su propia mitad", pero sí a la del padre biológico del niño que le antecedió en amores.

Cómo desalentar la venganza

– He oído decir que "la venganza es manjar de dioses"...

– Seguramente se refieren a los dioses de la mitología, pero será mejor olvidarnos de las deidades. Creo que podríamos tratar este tema siguiendo un orden: primero, el deseo de vengarse, después, la planeación de la venganza y, por último, su realización.

– Me parece muy lógico. Empecemos por el deseo de venganza.

– Es perfectamente natural que quien ha creído sufrir un daño o un agravio intencional sienta el deseo de vengarse, en lo cual no hay nada criticable porque, como lo platicamos al hablar de la violencia, nada se puede hacer en la **aparición** de los pensamientos. Pero a partir de este momento es posible descartar o aceptar la idea, y aquí es donde, como padres, podemos ayudar a nuestros hijos.

– Dice "creído sufrir un daño" y no "sufrido un daño". ¿Hay alguna razón para expresarlo de esa manera?

– Sí la hay, porque las consecuencias pueden ser muy diferentes cuando se ejerce venganza en un inocente debido a los sentimientos de culpa que la pueden acompañar.

– Entiendo. Yo también estoy en contra de cualquier forma de venganza. ¿De qué manera podemos ayudar a nuestros hijos?

— En primer lugar, previniendo. Al enterarnos de que nuestro hijo ha recibido una acción en su contra, conviene hacerle notar, cuando proceda, la posibilidad de que el responsable haya sido otra persona o no haya sido intencional, ya que en caso de duda, o de confirmarse una de las posibilidades anteriores, el deseo de venganza caerá por su propio peso. De no ser así, hacerle ver que la venganza a su vez puede originar represalias, creando un círculo vicioso con resultados imprevisibles.

— *Es obvio, pero nos pueden alegar que no tomar represalias los pueden convertir en blanco de nuevas ofensas.*

— No se trata de pasar por alto un agravio o una agresión. Existen otros medios para evitar que se repitan. Por ejemplo, si se desea mantener una relación, dialogando. Y si no se quiere o no se puede dialogar, dándola por terminada. También hay que considerar que el perdón, además de ennoblecer a quien lo otorga, se dice que es el peor castigo para el ofensor.

— *¿Y si el agravio fue muy grande y nuestra intervención no se toma en cuenta?*

— Vendrá el siguiente paso: la planeación de la venganza. Es necesario convencer a los hijos de que es un pensamiento que envilece, estimula los rencores y obstaculiza los pensamientos creativos y útiles. Es algo de lo cual los hijos no sólo deben ser enterados por sus padres, tienen que ser convencidos con el ejemplo. También se les debe hacer notar que llevar a cabo una venganza es una agresión deliberada que tal vez amerite una sanción, y que en lugar de producir satisfacciones, puede llevar al arrepentimiento y a sentimientos de culpa. Insistir en la enseñanza del perdón es uno de los mejores legados que se les puede hacer a los hijos.

Cómo desalentar el mal humor

– *Una de las consecuencias de no desquitarse, aparte de muchas otras causas, conducen a cambios en el estado de ánimo que pueden terminar en violencia. ¿Cómo desalentar el mal humor?*

– Tener dominio sobre los estados de ánimo es fácil cuando se empieza durante la niñez. Más tarde, para algunos puede ser difícil, y para otros resultar casi imposible, pero son tantas las ventajas, que siempre valdrá la pena que los padres de familia luchen por alcanzarlo. Tanto por su propio beneficio, como porque les será más fácil ayudar a sus hijos.

– *¿Y cómo se les puede favorecer la adquisición de este dominio?*

– Sobre la marcha. "No me molestes porque estoy de mal humor", es una frase que acepta que es natural estar malhumorado, lo cual no sucede al decir: "hubo algo que me molestó y me puso de mal humor, pero *no me voy a permitir continuar así;* es mejor que piense en las cosas buenas que tenemos". De esta manera se demuestra a los hijos que es posible tener control sobre la forma en que se quiere sentir. Se les debe informar que los sucesos indeseables afectan de manera negativa los estados de ánimo, pero que **todo pasa** y pronto habrá algo que los cambie. Si se orienta a los hijos para que piensen: "A nada bueno me conduce sentirme así" o recuerden el amor de que son objeto por parte de sus seres queridos o las cosas buenas que poseen, los ayudará a controlar sus estados de ánimo y les permitirá saberse dueños de sí, incrementando su autoestima.

— *¿No le parece que a veces resulta imposible evitar sentirse de mal humor?*

— Efectivamente, pero no se trata de evitarlo, sino de controlar su tiempo y su intensidad. De otra manera nos volveríamos esclavos del mal humor y de quien lo provocó por tiempo indefinido. En cambio, si lo controlamos, además de ser más fácil encontrar soluciones, mantendremos la satisfacción placentera de vivir contentos al mismo tiempo que evitamos los pensamientos y las acciones destructivas.

— *Como el odio y la venganza, que pueden destruir a la persona a quien se dirigen, pero más a quien los cobija.*

Me quitaré el mal humor pensando en las cosas buenas que no me quitó.

– Muy cierto. Por lo demás, son muchas las causas que pueden inducir el mal humor en nuestros hijos, como lamentarse de los errores cometidos o de los infortunios. Pero si se les indica la manera de obtener provecho de ellos y no se hace hincapié en el error que cometieron o en el daño que ocasionaron, les ayudan a superar su mal humor.

– *Las desgracias también son una fuente importante de malos humores...*

– "No hay mal que por bien no venga" no es solamente un dicho que consuele. Como la mayoría de los proverbios, tiene su fondo de verdad, y es mucho más positivo investigar los posibles beneficios que se deriven de un hecho infortunado que sumirse en el mal humor. Los hijos agradecerán más la enseñanza de ver las cosas desde este punto de vista, especialmente si se les muestra lo estéril de la autocompasión.

– *Es una manera muy positiva de pensar. Y respecto a las otras maneras de controlar el mal humor, como dejarse de tomar demasiado en serio y ser capaces de reírse de sí mismos, creo que a muchos adultos nos cuesta trabajo utilizar estos dos grandes antídotos.*

– Es cierto, pero cuando los padres se interesan y ponen empeño en utilizarlos, lo pueden inculcar a sus hijos para que les sirva como un recurso para no caer en esas "horas negras". Es necesario mantenerse alertas para encontrar el sentido del humor siempre que sea posible.

Cómo desalentar las relaciones sexuales precoces

— *Ayer leí un artículo sobre las relaciones sexuales a temprana edad que se pronuncia abiertamente por volver a las costumbres previas a "la revolución sexual" y recomienda la castidad antes del matrimonio. Desde luego que estoy totalmente de acuerdo con ello, pero al mismo tiempo me parece muy difícil que, en la actualidad, los padres podamos influir en los hijos de algún modo.*

— Siempre ha sido difícil, pero ahora lo es más porque casi no hay película sin escenas eróticas, y los programas de TV y sus comerciales, los libros y revistas, los compañeros de escuela, las amistades y las nuevas costumbres ejercen tal presión en la sexualidad de los adolescentes, que dificultan en grado extremo la influencia de los padres para evitar las relaciones sexuales previas al matrimonio, sin contar con que no faltan padres "modernizados" que las consideran naturales. Pero afortunadamente contamos a nuestro favor con buenos aliados.

— *¿Se refiere al temor de adquirir sida o herpes? La publicidad que se le hace al uso del condón para tener "sexo seguro" y la recomendación de que se tenga "con una sola pareja" pienso que en cierta forma alientan la práctica del sexo entre adolescentes y hasta cierto punto la promiscuidad, o que por lo menos las consideran hechos lícitos o recomendables.*

117

– Me parece que tiene toda la razón en sus comentarios en lo que se refiere al tipo de publicidad que se está haciendo a favor del uso del condón. Pero al mencionar los buenos aliados, no sólo pensaba en el temor de adquirir sida, herpes o a cualquier otra de las múltiples enfermedades transmitidas por el sexo. También quería mencionar el riesgo real de un posible embarazo, así como la importancia preventiva que ofrecen algunas conductas educativas desde la más temprana edad.

– *Yo creo que la poca responsabilidad de muchos adolescentes en cuanto a la práctica del sexo, se debe al desconocimiento de los problemas que trae consigo, a irresponsabilidad y porque piensan que si les sucede a ellos, sería por mala suerte.*

– Por eso es necesario hacer una buena difusión de los riesgos de practicar el sexo dirigida principalmente a las jovencitas, que enfatice las grandes posibilidades de que se embaracen y que en las madres demasiado jóvenes, al igual que en las madres añosas, es de temer la procreación de hijos mongólicos. Además, es preciso hacerlas conscientes de que la mayoría de los adolescentes varones, en parte debido a su edad, difícilmente van a aceptar su responsabilidad en caso de surgir problemas, y si la llegan a aceptar, como pareja y como padres carecerán de la madurez y de la preparación necesarias para hacerse cargo de la manutención de la familia y de la educación de su hijo.

– *Convertirse en padres demasiado jóvenes pueden orillarlos a suspender sus estudios y su preparación, y a echar por tierra sus posibilidades de triunfo, de lo cual culparán a su pareja. Además, tales uniones por regla general fracasan en poco tiempo.*

– Si no es que optan por un aborto, con las graves consecuencias tanto físicas como emocionales a las que se enfrentarán, principalmente la madre. Otra opción por la que se pueden decidir, es la donación del hijo, la cual no deja de ser una solución muy discutible.

– *Bueno, creo que al mencionar las enfermedades de transmisión sexual, los embarazos y las consecuencias de uniones entre adolescentes, hemos delineado los principales aspectos del problema. Ahora, ¿cómo desalentar el sexo entre adolescentes, cuando a pesar de los riesgos mencionados el número de quienes lo practican es cada vez mayor?*

– La realidad es que ellos desconocen la mayoría de las posibles consecuencias de la práctica del sexo, o las conocen de manera incompleta o equivocada. Recuerdo haber leído el resultado de una encuesta efectuada en adolescentes de una escuela de los Estados Unidos de Norteamérica, en la cual se demostró el alto número de estudiantes que llevaban una vida sexual activa, y su casi total ignorancia de las consecuencias en cuanto a la posibilidad de embarazos y de enfermedades de transmisión sexual.

— *Yo creo que si esa encuesta se realizara a nivel mundial los resultados serían similares. Y si esto fuera así, urge la difusión de esa clase de conocimientos. En su opinión, ¿esa información la deben proporcionar los padres, el gobierno o las escuelas?*

— El problema es de tal magnitud, que se hace necesaria la participación de todos, incluyendo las congregaciones religiosas, utilizando todos los medios informativos en campañas de gran envergadura. Desde luego creo que la principal responsabilidad es de los padres, quienes debieran estar al pendiente para dar la información **en forma oportuna,** lo que implicaría hacerlo antes de la adolescencia, preferentemente entre los 10 y los 12 años de edad.

— *Pero en un tema tan importante seguramente la diversidad de criterios ocasionará controversias, y si en el hogar se expresan ideas distintas a las que provienen de otras fuentes, se puede crear confusión o dar oportunidad para que los adolescentes no elijan por convicción sino por conveniencia.*

— Los hijos han recibido educación y ejemplo en su hogar desde que nacieron, y si los padres no dan esa información con ligereza, si se preparan para hacerlo, conseguirán darle fuerza a sus argumentos lo cual, junto con la congruencia de toda su educación previa, será mucho más impactante que la que provenga de cualquier otra fuente.

— *De acuerdo, pero creo que pocos padres tienen la convicción y el desenfado suficientes para hablar de esto con sus hijos, a los que siguen viendo como niños y por lo tanto les da temor "abrirles los ojos".*

– Si los medios de comunicación envían sus mensajes con tanta libertad, los padres también deben desinhibirse. Si les da pena o consideran que carecen de los conocimientos necesarios, insisto en que deberán prepararse. Y si no se sienten seguros, les será de mucha utilidad platicar previamente entre ellos la información que les van a dar, previendo las posibles preguntas de sus hijos para no ser tomados por sorpresa. Este tema ya no puede seguir siendo tabú en los hogares. Se debe tratar en las familias con entera libertad, aunque con comprensión, con respeto y sin suspicacias.

– *¿Y cuáles son los aspectos educativos y preventivos que mencionó como aliados?*

– Tendríamos que preguntarnos por qué muchos adolescentes rechazan tener sexo en la adolescencia y por qué otros lo aceptan. **Yo estoy firmemente convencido de que quienes aprendieron a amarse a sí mismos y se saben amados están en plena capacidad de amar y, por lo tanto, de respetar. Y de que, precisamente por el amor y el respeto que se deben a sí mismos y a su pareja, pueden dominar sus impulsos sexuales.** En cambio, quienes no se aman a sí mismos, no pueden tener la seguridad de merecer amor.

– *Por lo tanto, constantemente tratarán de hacerse amar para que cese su incertidumbre, y exigirán la práctica del sexo como demostración de que son amados.*

– Correcto. Pero como su problema de fondo continúa sin resolver, una vez que han realizado la relación sexual con una pareja, precisarán de nuevas experiencias, de otras personas que les aseguren que los aman.

– *Lo cual podría explicar la corta duración de este tipo de relaciones, lo mismo que la promiscuidad.*

– Claro, y debido a lo precario de su capacidad de amar, no les importará gran cosa el daño que puedan ocasionar a su pareja, a sí mismos o a sus familias.

– *Por lógicos y comprensibles, estos razonamientos me parecen muy adecuados para los jóvenes, y creo se debe recurrir a ellos en la preadolescencia y también después, cada vez que se consideren de utilidad.*

– De acuerdo. De esta manera se conseguirá que muchas parejas formen una familia respaldada por amor verdadero, sin enfermedades de transmisión sexual que pudieran afectar a su pareja y a su descendencia, sin haber sufrido las angustias que se derivan de la práctica prematura del sexo, sin resquemores y sin los serios problemas que invariablemente acompañan a los embarazos entre adolescentes.

Cómo evitar la drogadicción

— *Las drogas son algo tan desastroso, que las vemos como propias de otros países o de otras familias y nos resistimos a pensar que nuestros hijos pudieran aficionarse a ellas aunque en el fondo sepamos que sí es posible. ¿De qué manera podemos ayudar a nuestros hijos para que no se droguen?*

— Para contestar, podría ser de utilidad dividir la actuación de los padres en tres etapas. La primera abarcaría el tiempo previo al nacimiento de los hijos, la segunda del nacimiento a la preadolescencia y la tercera la adolescencia.

— *Nunca pensé que para prevenir la drogadicción nos tendríamos que remontar tanto tiempo.*

— Sí, porque los padres pudieron haber sido adictos, o seguirlo siendo. Las drogas adquieren particular importancia en la madre embarazada, porque el niño durante su gestación se pudo habituar a la droga. Por lo tanto, al nacer también será adicto y si no la recibe, sufrirá tanto como cualquier persona enviciada que se ve privada de ella. Dicho sea de paso, también existen grandes posibilidades de que la droga dañe física y mentalmente al niño, como en el caso del *crack*, que produce cambios en la estructura del cerebro. Ahora bien, si los padres se continúan drogando serán el ejemplo a seguir por sus hijos y, en el caso de que lograran abandonarla –lógicamente por convicción de los daños que les ocasiona–, será tanta su aversión y su temor a las drogas, que sobrevigilarán a su hijo y lo podrán acusar injustamente con resultados opuestos a los buscados.

— *Ahora recuerdo una reunión familiar en la que un pequeño de 6 o 7 años, hijo de un invitado conocido por su afición a los tragos, vomitó por estar enfermo. El padre creyó que el vómito fue a consecuencia de haberse emborrachado y lo acusó de beber sin su permiso regañándolo con tanta dureza, que ameritó la intervención de otras personas para que no lo lastimara.*

— Tan grande era el temor de que su hijo fuera alcohólico como él, que perdió toda noción de realidad. Eso mismo sucede con los ex-adictos.

— *Y después del nacimiento, ¿cómo deben actuar los padres para prevenir la drogadicción en sus hijos?*

— Haciendo todo lo posible por favorecer la fortaleza de su carácter *desde que nacen.* Es lo que les permitirá decir **NO** a las drogas. **Y serán el amor y la seguridad en sí mismo, y la integridad, los pilares básicos que sustenten su fuerza.** Porque los que se aman a sí mismos, no pueden aceptar dañar su cuerpo, su mente ni su moralidad con las drogas. Porque los que tienen seguridad en sí mismos podrán mantener firme su decisión de mantenerse alejado de ellas, y porque los que tienen su integridad bien cimentada sabrán diferenciar lo bueno de lo malo, lo que se puede hacer frente a todos y a la luz del día, de lo que requiere clandestinidad.

— *Es fácil explicarse por qué la drogadicción es más frecuente en los niños y jóvenes provenientes de familias desintegradas o de precaria moralidad.*

— Es cierto, cuando padres se intoxican con drogas, con alcohol o con cigarrillos y sus hijos presencian sus actitudes con las que aparentan disfrutar y ser felices, intentarán imitarlos tan pronto como les sea posible con el objeto de experimentar lo mismo que ellos.

– *Los fumadores aseguran que realmente disfrutan del cigarrillo y usted dice que aparentan disfrutar. ¿Por qué?*

– Una vez usted me dijo que había fumado durante algunos años. ¿Recuerda su primer cigarrillo? ¿Verdad que no le gustó, que se sintió muy mal y hasta con náuseas?

– *Es cierto. Me prometí aprender a fumar y despúes solamente lo haría cuando fuera necesario para ser bien visto en mi grupo social.*

– Pero lo que consiguió no fue aprender a fumar, sino enviciarse con el cigarrillo. Los fumadores no disfrutan realmente el sabor del tabaco. Lo que verdaderamente sucede es que satisfacen la dependencia a la nicotina que se crearon al "aprender" a fumar. Dicho sea de paso, se afirma que el 95% de los mariguanos aprendieron a inhalar con los cigarrillos de tabaco.

– *Una razón más para que los padres fumadores no fumen o abandonen el cigarrillo. Pero si los hijos no tienen de quién tomar ejemplo y oyen de sus padres las razones verídicas por las cuales repudian las drogas, les ayudarán a evitarlas.*

– Claro, pero la función de los padres no termina ahí. Es necesario recordar que fuera de las escuelas pueden estar expuestos a la insistencia de narcotraficantes en busca de niños a quienes "enganchar". Por lo tanto deben estar alertas y tomar las medidas necesarias para evitar que esto suceda.

– *¿Por qué se piensa que los adolescentes están tan particularmente expuestos a este problema? ¿Es su natural rebeldía la causa principal?*

– Creo que es una de muchas y muy importantes razones que los hacen particularmente vulnerables. Ellos tienen necesidades

y derechos que deben ser satisfechos adecuadamente, por ejemplo, de ser comprendidos, de cuestionar su religión, y de rebelarse
principalmente a las injusticias y al trato represivo y duro, y también de compensar las injusticias del mundo mediante alguna
complacencia.

*— No me queda muy claro qué tienen que ver estas necesidades
y estos derechos con la drogadicción.*

— Analicemos punto por punto. Los adolescentes necesitan
ser comprendidos –todos lo necesitamos–, pero ellos a veces quieren ser tratados como niños, entre otras razones, para eludir sus
responsabilidades entre las cuales está la de evitar la tentación de
drogarse. Es una etapa de cuestionar la religión, pero como no
van a encontrar respuesta a todas sus inquietudes, la droga les
ofrece el camino de obtener experiencias místicas, incluyendo la
de imaginar que ven a Dios. Y de rebelarse a las verdaderas injusticias, pero también a las que ellos creen que lo son, entre las que
puede estar la prohibición expresa de exponerse a cualquier
oportunidad de relacionarse con drogas. También temen a la
violencia, y para contrarrestar su temor sienten la necesidad de
ser fuertes y poderosos, y lo exuberante de su imaginación los
conduce a fantasías de riqueza, de poder y de sexo, ilusiones
efímeras que pueden obtener mediante las drogas. Y ante las
injusticias de miseria y de abuso de poder, así como de su propia
impotencia para resolverlas, requieren del escape o de la complacencia que también ellas les pueden proporcionar.

*— Ahora lo entiendo perfectamente y puedo recordar la inmensa
sensación de soledad y desamparo que sufrí algunas veces en mi
adolescencia al sentirme incomprendido.*

— Lo cual es un sentimiento común en esa etapa de la vida. Aprovechando este momento en que sus recuerdos son
tan vívidos, trate de imaginar un grupo de adolescentes que, al

sentirse como usted se sentía, le ofrecieran su compañía, su amistad y su comprensión. ¿La aceptaría?

– *Por supuesto.*

– ¿Aunque estuviera condicionada al consumo de drogas? ¿Aunque pensara que cualquier responsabilidad se diluye en grandes grupos?

– *Ahora, como adulto, me negaría rotundamente, pero en esa época no puedo estar tan seguro.*

– Claro que no, a menos que sus convicciones y su fortaleza de carácter hubieran sido suficientemente consistentes. Antes, en la década de 1960, la amenaza de volverse drogadicto ya existía, pero hasta cierto punto era remota. Ahora que está a la vuelta de la esquina, le debemos dar a su prevención por lo menos la misma importancia que les damos a las inmunizaciones en la primera infancia.

Cómo evitar las neurosis

– *Al venir leí un aviso ofreciendo ayuda en la asociación de Neuróticos Anónimos y pensé que tal vez la neurosis se podría evitar en el caso de ser ocasionada por errores en la educación de los hijos.*

– Tiene toda la razón, tanto en el origen del problema como en que se puede evitar. Desde hace mucho tiempo se reconoce que las neurosis son originadas durante la niñez, aunque a veces se manifiesten tardíamente. Y los padres, la mayoría de las veces por desconocer el origen del problema, son quienes lo ocasionan.

– *Yo no quisiera que mis hijos llegaran a ser neuróticos. ¿Me puede decir de qué manera participan los padres en este problema?*

– Hablaremos primero de las mamás, ya que por pasar más tiempo con los hijos, son quienes regularmente ejercen mayor influencia en ellos. Si son sobreprotectoras y rígidas, y si acostumbran dar a sus hijos órdenes contradictorias, les crearán confusión y ansiedad, propiciando así la formación de las neurosis.

– *¿Y de qué manera participan los papás?*

– Siendo represivos y autoritarios. Tanto los padres como las madres de los futuros neuróticos, de manera cons-

129

ciente o inconsciente, acostumbran utilizar frases o comentarios que tienen el objeto de hacer sentir culpables a sus hijos para manipularlos y tener dominio sobre ellos.

— *¿Frases como "debería darte vergüenza" y "nunca pensé que serías capaz"?*

— Sí, y tantas otras, como "después de todo lo que nos hemos sacrificado", "en este mundo todo se paga", "algún día lo pagarás", "me vas a extrañar cuando me muera". A todos nos gusta sentirnos triunfadores, y dominar a los hijos puede representar un triunfo para los padres. Y como los resultados así obtenidos son tan ostensibles y tan rápidos, siguen utilizando el mismo método, a veces hasta con el mismo error que cometieron antes: "¿Te acuerdas de lo que hiciste? Ya no se puede confiar en ti."

— *Eso quiere decir que para que un niño pueda ser neurótico, es necesario que lo hagan sentir culpable.*

— Y que le produzcan ansiedad.

— *Y una vez conseguido el dominio sobre un hijo tendrán un niño dócil y fácil de manejar. Honradamente no creo que muchos padres aceptarían esta ganancia si supieran el precio que tienen que pagar y las consecuencias que esto implica.*

— Yo también así lo creo, por eso voy a insistir en lo que significa –para un hijo– hacer que se sienta culpable, y para ello me voy a referir nuevamente a los errores. Sabemos que la única manera de no cometerlos es no haciendo nada y, como esto no es posible, todos los habremos de cometer, y más los niños puesto que están en pleno aprendizaje. Cuando en lugar de enseñarles a aprender de los errores se les hace sentir culpables, se paralizan. Ni los van a corregir, ni van a aprender de ellos. Sólo se avergüenzan, se arrepienten y buscan la manera de justificarse para estar tranquilos consigo mismos. Porque es demasiado doloroso, angustiante y humillante sentirse culpable.

– Por lo tanto, tratarán de evitar volver a sentirse de esa manera.

– Claro. Y para evitarlo echarán mano de las mentiras, culparán a los demás, falsificarán firmas, alterarán sus notas escolares, buscarán pretextos, inventarán justificaciones, cualquier cosa, menos sufrir la ansiedad que les genera sentirse culpables.

– ¿Existe alguna manera de saber si un niño ya es o puede llegar a ser un neurótico?

– Aunque generalmente las neurosis se manifiestan hasta la adolescencia, algunos expertos afirman que se pueden diagnosticar mas o menos desde los cinco años de edad. En muchos neuróticos puede haber antecedentes de alguna de las siguientes conductas: volver a chupar su dedo cuando habían dejado de hacerlo, morderse las uñas, sonambulismo, perder su autoestima, agredir con exageración, gran irritabilidad o timidez, tartamudeo, orinar o defecar en su ropa, miedos irracionales, tendencias suicidas y procurar hacer sentir culpables a otros, principalmente a sus padres.

– ¿Y cuál es la forma de ser de estos niños?

– Debido a que tratan de complacer a sus padres, quienes tal vez les hayan pedido que sean los más diestros en los deportes y los más aventajados en los estudios, cuando son superados se sienten culpables y, como solamente les interesa ser mejores que otro, pierden su iniciativa y el gusto por aprender y por participar en eventos deportivos. Son ansiosos, siempre tienen prisa.

— *Me interesa averiguar si tengo las características que puedan conducir a mis hijos al problema que venimos tratando. ¿Cómo son los padres de los neuróticos?*

— Habitualmente uno de ellos, o ambos, son impacientes, poco tolerantes con quienes cometen errores, torpezas o no actúan con la rapidez que ellos quisieran. Se enojan con el menor pretexto y siempre quieren tener la razón. No viven a gusto porque no pueden disfrutar lo que tienen debido a que anhelan, cuando menos, lo que tiene alguien con quien en ese momento se sienten en competencia. Y no son capaces de valorarse a sí mismos ni a su familia.

— *Creo que los padres con alguna de estas características deberíamos modificarlas en nuestro beneficio y en el de nuestros hijos.*

Cómo evitar la homosexualidad

– *He oído decir que los homosexuales nacen con esa inclinación, en tanto otros opinan que la adquieren en el transcurso de su vida. ¿Qué hay de cierto en estos criterios tan diferentes?*

– Se considera que existen varios orígenes, pero nosotros sólo vamos a platicar sobre la homosexualidad que se puede evitar en la etapa en que tanto los niños como las niñas empiezan a querer parecerse al padre del sexo al que pertenecen. No hablaremos aquí de la que es inducida por adultos homosexuales, ni de los que se prostituyen para ganarse la vida ni de la ocasionada por problemas neurológicos o psiquiátricos.

– *Me parece muy bien. Partamos entonces de la base de que desear parecerse al padre del sexo diferente al propio, conduciría a algunos niños a una forma de homosexualidad.*

– De acuerdo.

– *No creo que esto pueda ser fácilmente aceptado por muchos padres porque les crearía sentimientos de culpa.*

Sí, pero si no lo hacen, se podría privar a muchos niños de su derecho de ser heterosexuales. Y si se acepta, no hay nada contraproducente, porque de estos conocimientos se derivan sugerencias muy importantes para que los padres modifiquen conductas impropias, las cuales jamás influirán de manera negativa en los niños ni en las relaciones familiares.

– *Bien, así que de todos modos hay ganancia. Recuerdo que al hablar de las etapas del desarrollo, se trató el tema de la sexualidad de los niños y acordamos abundar en él cuando llegáramos a este capítulo. Habíamos dicho que cerca de los tres años de edad, los hijos sufren una especie de enamoramiento con el padre del otro sexo, que se supera siempre y cuando los padres no tuvieran conflictos entre sí.*

– Antes de continuar, hagamos un pequeño resumen. Dijimos que aproximadamente a los 15 meses empiezan los niños a darse cuenta de su sexo sin tener claras las razones y que ese conocimiento se concreta alrededor de los dos años y medio, influidos por el diferente trato que reciben los niños y las niñas. A los cuatro años, espontáneamente buscan separarse en grupos del mismo sexo y, como están orgullosos de ser nenes o nenas, gustarán de mostrar sus genitales y tienen curiosidad por ver los de los demás niños.

– *Actitud incomprendida y por lo tanto repudiada por muchos padres.*

– Injustamente, ya que si no se le da importancia pronto se olvidan de ella. Volviendo al tema, después tienen que vivir una etapa de romanticismo durante la cual se enamoran del padre del otro sexo, y como temen a las represalias del progenitor a quien pretenden desplazar, ocultan esos sentimientos hasta donde les es posible, situación que logran superar más o menos a la edad de seis años. **Pues bien, en la opinión de la mayoría de los expertos, en este lapso es cuando se obtiene la identificación sexual, y se puede estar conforme, o inconforme, con el propio sexo.**

— ¿Qué clase de problemas o conflictos de los padres son los que van a provocar en los niños el rechazo a su sexo?

— Es necesario recordar **que tanto los hijos como las hijas, para que puedan aceptar su propio sexo, requieren contar con la imagen de un padre amoroso y contento con su masculinidad que los acepte. Y con la de una madre también amorosa y contenta con su feminidad que a su vez los acepte y permita y favorezca que sus hijos se vayan volviendo cada vez más independientes de ella.** En términos generales, cualquier circunstancia que se aparte de estos lineamientos puede ejercer influencias negativas.

— Voy empezando a entender, pero como hay muchas cosas que todavía me dejan dudas, me gustaría que me diera un ejemplo.

— Imaginemos que un padre alberga temores de que su hijo llegue a ser homosexual, y por lo tanto está atento a cualquiera de sus manifestaciones para frenarlas a tiempo. Que si llora, le dice que sólo las mujeres lloran, que no le permita jugar con niñas o con muñecos por ser propio de maricas y que le exija su participación en juegos "de machos" aun cuando no sean de su preferencia. Con estas actitudes más bien le dará a entender a su hijo que no lo acepta, que no lo ama y no lo quiere como camarada. En realidad le está dando la espalda el hombre a quien quiere imitar y parecerse. Y si a su vez la madre trata de mantenerlo a su lado impidiendo que se relacione con amigos por temor a separarse de él o peor aún, por participar de los mismos temores del papá, el campo para la homosexualidad estará perfectamente abonado.

— Es un ejemplo muy claro, aunque me imagino que deben existir otros menos aparentes.

— Desde luego. Allá en los albores de mi ejercicio profesional recuerdo haber atendido a una familia, en la cual la madre, una mujer fuerte, bonita y dominante, opacaba a un esposo de apariencia sumisa y acomplejada que ni siquiera se atrevía a dar una opinión. Con el tiempo supe de serios problemas emocionales en los hijos varones, uno de los cuales, abiertamente homosexual, se casó pero tuvo serios problemas en su nuevo hogar. También se habla mucho de las madres seductoras y de los hijos sin padre que no cuentan con otro que lo sustituya. En realidad, las causas pueden ser variadas y a veces sutiles, pero detectables.

– *Creo que se ha hablado más de la influencia paterna que de la materna. ¿De qué otras maneras influyen las madres en la identificación sexual de sus hijos?*

– Una madre sexualmente segura que al mismo tiempo que goza con su feminidad disfruta de la masculinidad de su esposo, y lo respeta, cimentará sólidamente la seguridad del sexo en sus hijos. La crítica devaluatoria de una mujer hacia su esposo impedirá que las hijas quieran relacionarse con los hombres. Además, algunas madres pueden sugerir la homosexualidad en el muchacho si le reprochan en forma obsesiva algunas conductas de tipo femenino.

– *Veamos si entendí. El padre necesita aceptar a su esposa y cuidar su imagen masculina, tanto para ejemplo a seguir por el hijo, como para servir de modelo a lo que una hija esperará del hombre cuando decida establecer relación de pareja. Del mismo modo, la madre necesita respetar y cuidar la imagen masculina de su esposo, así como cuidar su propia imagen de feminidad y, para no cometer errores, ambos deben conocer la etapa del desarrollo infantil durante la cual los niños, y las niñas, habrán de aceptar su sexo.*

Cómo evitar la sobreprotección

— Hoy por la mañana llevé a mis hijos al parque y me llamó la atención un papá que alcanzó a su nene de aproximadamente tres años para decirle que no debía correr, porque si se caía y se raspaba las rodillas le tendrían que poner un desinfectante que le ardería mucho. Sentí pena por el niño y coraje contra un padre tan sobreprotector.

— Es natural que nos preocupemos por proteger a nuestros hijos de enfermedades y accidentes, a veces hasta un poco de más de lo que algunos aceptarían como normal, pero cuando se exagera como en este caso, estoy completamente de acuerdo en hablar de sobreprotección.

— ¿Por qué algunos niños tienen ambos padres así y otros nada más a uno de ellos? ¿Se debe a que cada uno tiene un carácter diferente?

— El carácter de cada padre influye, pero no es lo único que origina el problema. Supongamos que después del nacimiento de un hijo, como consecuencia de alguna complicación o por haberse ligado las trompas, los padres tienen la certeza de que la madre no volverá a embarazarse. O que una pareja aparentemente estéril con grandes deseos de tener descendencia, después de varios años y de consultar diferentes especialistas, logran el ansiado embarazo. Aunque sin lugar a dudas todos los hijos son valiosos, para estos padres en par-

ticular su hijo adquiere un valor muy especial y les es más fácil caer en el sobreproteccionismo.

— Esto explica más o menos la sobreprotección de los dos padres,
pero cuando solamente lo hace uno de ellos, ¿a qué se debe?

— Volvamos al terreno de las suposiciones. Imaginemos
que el esposo tiene buenos ingresos, pero como está a disgus-
to con su trabajo, se decide a renunciar para establecerse por
su cuenta. Entonces recibe la inesperada noticia del embarazo, y como ve venir un mundo de gastos que no podría solven-
tar si renunciara, opta por continuar con su empleo. Imaginemos ahora a una recién casada que sí quiere tener hijos,
pero más tarde porque por el momento han hecho planes sobre la luna de miel que no tuvieron en su oportunidad, y ahorrar para tener más holgura cuando decidiera embarazarse.
Al segundo mes de su boda se sabe embarazada y se derrum-
ban sus planes. En ambos ejemplos podrá existir cierto grado
de rechazo que originará la sobreprotección del hijo, que tiene
por objeto evitar que se sientan culpables en el caso de que
algo le sucediera.

– *Entiendo. Debe ser una carga muy pesada sentir rechazo por un hijo. Y también debe serlo para el hijo, por tener que sufrir privaciones en sus libertades además de la vigilancia constante a que será sometido.*

– Aunque la sobreprotección es más frecuentemente ejercida por los padres, no es exclusiva de ellos. También puede ser ejercida por abuelos o por otras personas.

– *Seguramente los niños sobreprotegidos van a ser afectados en su modo de ser.*

– Sí. Como reciben una orientación encaminada a ser aceptados y a causar lástima, serán quejumbrosos y temerosos, les será difícil aventurar, correr riesgos y experimentar, y tendrán dificultades para aceptar responsabilidades.

Apéndice

LAS DISCUSIONES Y LAS PELEAS CONYUGALES

– *Se supone que el noviazgo sirve para que la pareja se conoz-ca y vea si es posible adaptar sus modos de ser para mantener una buena convivencia y crear una familia, pero por prolongado que sea, no parece permitir el total conocimiento mutuo, lo cual se refle-jará en la inconformidad entre los cónyuges respecto a maneras de pensar, conductas, gastos y tantas otras. ¿Cómo evitar que las dis-cusiones y las peleas dañen a los hijos?*

– Puesto que no es posible la existencia de dos personas que piensen de igual manera en todos los aspectos, tampo-co es posible esperar un matrimonio que no tenga discusiones que puedan degenerar en *peleas*. Por ser tan diferentes unas y otras, creo que las debemos considerar por separado.

– *De acuerdo. Hablemos primero de las discusiones.*

– Bien, las discusiones no siempre tienen que dañar a los hijos; también los pueden ayudar. Un desacuerdo en el que ambos cónyuges sepan callar a tiempo para escuchar, pensar y respetar las opiniones de la contraparte, aunque no se esté de acuerdo con ellas, pueden ser verdaderamen-te enriquecedoras para quienes las presencien y también para los participantes, sobre todo si se acompañan de un sentido del humor que no implique agresión o burla. Así, los hijos aprenderán la manera en que se puede disentir y respetar a la persona con quien se está en desacuerdo, a no ser sumiso y reconocer cuando se está equivocado.

– *Y a merecer el mismo respeto. Es una actitud plenamente civilizada que no se sigue con la frecuencia que debiera.*

– Desafortunadamente. En cambio, las peleas conyugales siempre son destructivas, porque con ellas se pretende imponer un criterio o exigir sumisión, y se puede perder el control al grado de denigrar o degradar al cónyuge si es que no se llega a extremos más graves. Los hijos que las presencian oirán decir que uno de los padres no es bueno, que dejó de hacer o hizo cosas terribles, o aquel a quien creían inteligente es tonto, y a quien consideraban "lo máximo" es un irresponsable o cosas mucho peores.

– *Con lo cual se socavan los cimientos de la seguridad que les deben brindar sus padres, tanto como pareja, como de manera individual.*

– Claro. Pero los hijos, a pesar de las incriminaciones, no estarán dispuestos a creer ciegamente que el cónyuge acusador diga la verdad, porque sería muy doloroso aceptar lo malo que es el padre a quien siempre han amado. Pero como lo dice el otro padre a quien también aman y suponen que deben creerle, dudan, entran en conflicto y se angustian, sobre todo si tienen que tomar partido. Esto dará lugar a que de ahí en adelante sus sentimientos hacia ellos sean diferentes, ya que su cariño por ambos estará contaminado con el coraje y la desconfianza.

– *Suena trágico, pero creo que tiene toda la razón. Los niños en su sufrimiento no deben estar en la capacidad de decirlo, pero así lo deben de sentir. Si los padres nos detuviéramos a pensar en esto, muchas peleas se podrían evitar o, en última instancia, cuidar de que no sean escuchadas.*

– Ya habíamos mencionado antes que los hijos de padres que llevan malas relaciones entre sí bajan su rendimiento escolar y a su vez se relacionan mal con sus compañeros. Además, es posible que los hijos se sientan culpables y carguen sobre sus hombros con la responsabilidad de esas peleas.

– *¿Por qué?*

– Porque la conducta de los hijos, o la manera en que se les educa, son una de las causas más frecuentes –reales o aparentes– de las peleas; y porque los padres, unidos, garantizan la estabilidad del hogar, que es donde descansa su propia seguridad. Por lo tanto los hijos prefieren pensar que las peleas son consecuencia de su propia conducta y no porque sus padres sean los culpables.

La televisión en la formación de los hijos

— De vez en cuando se desatan polémicas sobre la TV, esencialmente en lo que se refiere al tiempo y a los programas que se les pueden autorizar a los hijos. En lo personal, yo creo que al terminar su tarea escolar, pueden descansar ahí un buen rato siempre y cuando los programas no sean inmorales.

— Por los resultados negativos a los que han conducido sus enseñanzas quiero pensar que pronto los programas de televisión habrán de evolucionar. No debe estar lejos el día en que además de abundar en la decencia y en el buen gusto, se **aproveche** la televisión como el medio esencialmente educativo y formativo que debiera ser, independientemente de sus otras funciones. Mejorarla no afectaría negativamente sus ganancias.

— Mucha gente está tan acostumbrada a la televisión, que se ha olvidado del enriquecimiento que produce la buena lectura. Además, parte de la vida social se está perdiendo, incluyendo la de los niños. ¿Tengo razón en exigir a mis hijos que le dediquen menos de su tiempo?

— Por supuesto. Lo malo de verla en exceso, no sólo está en relación con el tiempo que pueden dedicarle. Recientemente aparecieron en la prensa estadísticas que daban cuenta, **en horarios en que los niños tienen acceso a la televisión,** del número abrumador de asesinatos, a muchos de los cuales pretendían justificar, lo mismo que

actos de sadismo, de seducciones, de incitantes relaciones
sexuales, de la facilidad con que se roba y se cometen asal-
tos a mano armada con amplia explicación de su técnica,
de perseguir automóviles a toda velocidad en calles transita-
das o de las maneras de violar. ¿Quién puede dudar que
gran parte de los programas en la TV alientan los actos ilíci-
tos y que a sus enseñanzas se deba gran parte del
perfeccionamiento de sus técnicas? ¿Y que se vea con naturalidad lo despiadado de la violencia y el libre ejercicio del
sexo exclusivamente por instinto o por interés?

– *No creo que haya quien dude fundadamente. ¿Y qué nos dice
de los dibujos animados y de los comerciales?*

– Hasta en los dibujos animados se estimulan la violencia y el deseo de venganza. Y en los comerciales se aprecian
mensajes tendenciosos que relacionan el vicio de fumar
–mal llamado hábito– y la ingestión de bebidas alcohólicas
como elementos indispensables para divertirse o para
triunfar en el sexo y en la aceptación social.

– *¿Y los programas cómicos para niños?*

– Los hay de todas clases. Pero en muchos programas que
pretenden ser cómicos, y que pasan en horarios accesibles para
los niños, echan mano del trasvestismo y se abusa del mal gusto.

– *Cada vez aparecen con mayor frecuencia programas de entrevistadores con participación de invitados que a veces tratan de
temas interesantes. ¿Qué opina de ellos?*

– En los programas en vivo, muchas veces no existe un
criterio adecuado ni en entrevistadores ni en entrevistados
y mucho menos en el público que a ellos asiste y, **no obstante que algunos se transmiten en horarios familiares,** se
suelen tratar temas y emitir opiniones que, aun con amplio

criterio, no se permitiría que persona alguna expresara dentro de nuestra casa y mucho menos delante de nuestros hijos. No obstante, están al alcance de cualquier niño con sólo activar la televisión.

— Coincido completamente, al igual que muchos otros padres de familia. Y sin embargo, permitimos que los hijos abusen de ella.

— Es que en muchos hogares la televisión es una niñera incondicional siempre a la mano, que mantiene a los niños seguros en casa, sin exponerlos a un remoto accidente en caso de ir a jugar al parque, pero también sin ejercitar sus músculos, su convivencia social ni su propia inventiva. Sumidos en sus programas se les tiene quietos y callados, mientras los adultos se ocupan de otros asuntos supuestamente más importantes.

— Son muchos los aspectos negativos que actualmente se le atribuyen a la televisión, pero también tiene cosas positivas. Y yo también tengo esperanzas de que mejore.

— Por supuesto. Se ha visto que mejora el vocabulario de los niños en comparación con quienes la ven menos tiempo. Las competiciones deportivas suelen ser motivo de sana diversión, y son muy buen estímulo para practicar diferentes deportes. Además, existen preciosos documentales muy entretenidos y de un gran contenido educativo y cultural cuya producción y transmisión debieran estimularse. También hay programas educativos abiertamente recomendables: ¿quién ha visto que no haya aplaudido *Plaza Sésamo*? Algunos programas cómicos especiales para niños o para todas las edades, con un poco de asesoría psicológica adecuada podrían cumplir con los objetivos de divertir sanamente, además de educar.

— Considero urgente que los padres veamos con cierta frecuencia los programas que autorizamos ver, con el objeto de comprobar si son admisibles y recomendables.

– Sin olvidar los comerciales. En otro capítulo de este libro hicimos hincapié en la necesidad y en la conveniencia de que los padres fijen límites a las exigencias y a la conducta de sus hijos. Es en la prohibición de determinados programas donde quizá se requiera mayor firmeza para sostener una decisión, porque se deben vencer las insistentes presiones de los hijos y las de sus amiguitos con padres demasiado indulgentes. Por lo tanto, es necesario estar plenamente convencidos para no ceder, con lo cual se deterioraría la imagen de autoridad que tanto necesitan.

– *En algunos hogares se enciende la televisión durante las comidas, lo cual me parece un absurdo.*

– Las horas de las comidas en familia ofrecen una incomparable oportunidad de convivencia, de enterarse de las experiencias vividas, de los planes, de las esperanzas de cada uno, y de hacer bromas y comentarios. En suma, de conocerse y de amarse más. No es justo permitir que la televisión se entrometa en los hogares como un invitado, absorbente, acaparador e incapaz de escuchar, que prive a la familia de momentos tan gratos y necesarios.

Bibliografía

1. Ajuriaguerra, de, J.: *Manual de psiquiatría infantil,* 4a. ed., Barcelona, Masson, 1983.

2. Dodson, F.: *El arte de ser padres,* 5a. ed., Madrid, Aguilar de Ediciones, 1981.

3. Dodson, F.: *How to discipline with love,* Nueva York, The New American Library, 1978.

4. Dyer, W.: *La felicidad de nuestros hijos,* México, Editorial Grijalbo, 1986.

5. Dyer, W.: *Tus zonas erróneas,* México, Editorial Grijalbo, 1990.

6. Hughes, Laurel.: *Cómo formar hijos responsables,* 2a. ed., México, Edamex, 1990.

7. Mandino, O.: *Una mejor manera de vivir,* 5a. ed., México, Editorial Diana, 1993.

8. Marland, S.: *¿Quiere que su hijo sea feliz?,* 2a. ed., México, Editorial Diana, 1981.

9. Meneses, E.: *Educar comprendiendo al niño,* México, Editorial Jus, 1964.

10. Newman, M., Berkowitz, B.: *Cómo ser el mejor amigo de ti mismo*, 9a. ed., Buenos Aires, Emece Editores, 1974.

11. Robertiello, R.: *Abrázalos estrechamente y después déjalos ir*, 4a. ed. México, Editorial Diana, 1981.

12. Siegel, B.: *Peace, love and healing*, Nueva York, Harper & Row, Publishers, Inc., 1990.

13. Skynner, R., Cleese, J.: *Relaciones familiares. Cómo salir bien librado*, México, Edamex, 1990.

14. Ziglar, Z.: *Cómo criar hijos con actitudes positivas en un mundo negativo*, Colombia, Editorial Norma, 1993.

Lecturas recomendadas

(Para educar a los hijos)

Dodson, F.: *How to discipline with love*, The New American Library.

Dyer, W.: *La felicidad de nuestros hijos*, Editorial Grijalbo, 1986.

Marland, S.: *¿Quiere que su hijo sea feliz?*, Editorial Diana.

Varea, J., Alba, de, J.: *El tiempo libre de los hijos*, Editora de Revistas.

(Para los padres que quieran obtener cambios favorables)

Dyer, W.: *Tus zonas erróneas*, Editorial Grijalbo.

Mandino, O.: *Una mejor manera de vivir*, Editorial Diana.

Newman, M., Berkowitz, B.: *Cómo ser el mejor amigo de ti mismo*, Emece Editores.

Skynner, R., Cleese, J.: *Relaciones familiares. Cómo salir bien librado*, Edamex.

Otros éxitos del autor

Conceptos básicos para educar a los hijos.- Manual práctico que se basa en los últimos descubrimientos pedagógicos a fin de consolidar una provechosa educación, ayudando a los padres de familia a analizar, comprender y encauzar a los pequeños desde la más tierna infancia hasta la adolescencia.

¿Embarazada? Cómo disfrutar el primer mes de la maternidad.- Guía de gran utilidad que tiene por objeto allanar el camino de las primeras semanas después del parto, contestando con razonamientos actualizados y bien fundamentados las preguntas más comunes que tienen la mayoría de las mujeres que van a ser madres.

Mi hijo no quiere comer.- Mantener alejadas a las enfermedades, procurar un crecimiento sano y robusto, y en suma, querer que nuestros hijos se desarrollen lo mejor posible con anhelos que pueden venirse abajo si no estamos lo suficientemente preparados para alimentar bien a nuestros niños. Este libro ayuda a hacer realidad esos hermosos deseos.

¿Qué debe comer mi hijo?.- Libro dirigido a los padres, en un estilo fácil y ameno, que los ayudará en la diaria tarea de alimentar adecuadamente a sus hijos para lograr su correcta nutrición, evitando la obesidad, la desnutrición, la pérdida del apetito y las repercusiones psicológicas que de ellas se derivan.

ESTA EDICIÓN DE 2 000 EJEMPLARES SE TERMINÓ
DE IMPRIMIR EL 20 DE MAYO DE 1997 EN LOS TALLERES
TRABAJOS MANUALES ESCOLARES, S.A. DE C.V.
ORIENTE 142 NO. 216 COL. MOCTEZUMA 2A. SECC.
15500 MÉXICO, D.F.